东南亚区域国别研究

第2辑

米良　主编
顾佳赟　王丹丹　副主编

SOUTHEAST ASIA

外语教学与研究出版社
FOREIGN LANGUAGE TEACHING AND RESEARCH PRESS
北京 BEIJING

图书在版编目（CIP）数据

东南亚区域国别研究. 第 2 辑 / 米良主编 ; 顾佳赟, 王丹丹副主编. -- 北京 : 外语教学与研究出版社, 2024. 12. -- ISBN 978-7-5213-6030-1

I. D833.02

中国国家版本馆 CIP 数据核字第 2024VZ5492 号

东南亚区域国别研究第 2 辑

DONGNAN YA QUYU GUOBIE YANJIU DI-2 JI

出 版 人　王　芳
责任编辑　杜晓沫
责任校对　孙凤兰
封面设计　锋尚设计
出版发行　外语教学与研究出版社
社　　址　北京市西三环北路 19 号（100089）
网　　址　https://www.fltrp.com
印　　刷　北京捷迅佳彩印刷有限公司
开　　本　787 × 1092　1/16
印　　张　8.5
字　　数　181 千字
版　　次　2024 年 12 月第 1 版
印　　次　2024 年 12 月第 1 次印刷
书　　号　ISBN 978-7-5213-6030-1
定　　价　70.00 元

如有图书采购需求，图书内容或印刷装订等问题，侵权、盗版书籍等线索，请拨打以下电话或关注官方服务号：
客服电话：400 898 7008
官方服务号：微信搜索并关注公众号“外研社官方服务号”
外研社购书网址：https://fltrp.tmall.com

物料号：360300001

目 录

Table of Contents

Theory and Methods

History and Culture

Country Study

Research on Development Issues

Regional Governance

学术史研究中的中国东南亚学（1900—1945 年）*

熊展钊

摘　要：1945 年以来，学界前贤在时人研究的基础上，继续推进中国东南亚学史学思历程的总结，其探究主要分为三个方面：一是对东南亚学史发展演进的整体概括，二是对从事东南亚研究学者及其著作的分析，三是对东南亚学刊物、研究团体的研究以及相关文献的出版。时人先贤对中国东南亚学史（1900—1945 年）的研究呈现出逐步深化的趋势，然而，中国东南亚学史的学术著作至今尚未问世；针对相关学人及其著作的研究仅限于部分知名学者，且大部分研究多就事论事，缺少问题意识；至于对相关学术期刊、文献与出版以及研究团体的研究，不仅存在较多遗漏，也未能进一步剥离学术研究的现实观照。是故，未来针对中国东南亚学史（1900—1945 年）研究的拓展既要坚持资料性、学术性，同时又要强化问题意识，探寻研究的现实意义。

关键词：晚清民国时期；东南亚学史；学术史；前瞻

Studies of Southeast Asia in the Academic History of China (1900–1945)

Xiong Zhanzhao

Abstract: Since 1945, scholars have continued to advance the study of the history and the intellectual inquiry of Southeast Asian Studies in China, building on the research of their contemporaries. This exploration primarily focuses on three aspects: first, a comprehensive overview of the development and evolution of the Southeast Asian studies; second, an analysis of the scholars engaged in Southeast Asian studies and their works; and third, the study of Southeast Asian academic journals, research organizations, and the publication of related literature.Although the research of the history of Southeast Asian Studies in China (1900–1945) by scholars of the time has shown a trend of gradual

*　本文系 2021 年度海南省高等学校科学研究一般项目“民国时期海南学人的南洋研究”（项目编号：Hnky2021-26）的研究成果之一。

deepening, comprehensive academic works on the history of Southeast Asian Studies in China have not yet emerged; research on relevant scholars and their works is limited to a few well-known figures, and most of the research is descriptive, lacking a critical awareness of underlying issues; as for the research on relevant academic journals, literature, publications and research groups, there are not only numerous omissions, but also a lack of further separation of academic research from practical considerations. Therefore, future expansion of research on the history of Southeast Asian Studies in China (1900–1945) should adhere to comprehensive data and rigorous academic standards, while also strengthening problem awareness and exploring the practical significance of the research.

Keywords: the late Qing and Republican China era; studies of Southeast Asian history; academic history; prospect

中国东南亚学[①]研究作为"一带一路"研究，特别是区域国别学研究中不可分割的组成部分，在推进中国特色哲学社会科学跨学科融合发展、展现学术研究的中国气派方面具有重要意义。历史上，中国素与东南亚关系密切，"史前我国已与南洋交通"（韩槐准，1947），《汉书》中既已出现有关东南亚的明确记载，汉代以来的知识分子和学者在此领域笔耕不辍，撰述了大量成果。至 19 世纪末 20 世纪初，"东南亚学"作为一个"相对独立的地区研究"，即"用科学理论与方法对东南亚地区进行整体或专题研究的学科"（梁志明，2007）开始形成。特别是 1912 年以后，中国东南亚学得到进一步的发展。以冯承钧、刘士木等为代表的一大批学人不断探索调整，针对东南亚进行了大量富于启发性的开拓研究，先后创办了十数种东南亚学研究期刊，著作达二百余种，涵盖史地研究、华人华侨研究、中外关系史研究等方面，为东南亚学领域形成"中国学派"奠定了一定基础，在国际学术界占有重要的一席之地。

众所周知，任何一个研究领域的扩展都离不开对前人相关研究成果的总结，后

① 需要在此特别说明的是，20 世纪前半期的中国学人惯常使用"南洋"指代东南亚，但是，他们在使用"南洋"概念时，其内涵与外延多有差异。而且，东南亚与"南洋"概念既有区别又有联系，并不能完全对等。有鉴于此，本文采用"中国东南亚学"概念指代 20 世纪前半期中国学人的东南亚研究。一方面，由梁志明教授等部分前辈学人提出的"东南亚学""中国东南亚学"概念，虽非东南亚研究学术界的普遍共识，但相比"南洋"，"中国东南亚学"所指示的范围与内涵少有歧义。另一方面，本文主要关注 1949 年以后时人先贤对 20 世纪前半期中国学人东南亚研究的总结、评价等问题，"中国东南亚学"概念的使用也可以避免具体行文中的重复、拖沓。关于"东南亚学""中国东南亚学"概念的厘定与使用，详见梁志明等（2002）、北京大学东南亚学研究中心（2007）、梁志明等（2011）、王国平（2013）的研究成果。

世学者只有在充分认识并吸收前辈学者相关成就的基础上，才能在研究中做到有的放矢、避免重复，其学术创新才会更有价值与意义。是故，对1945年以后，学界总结、梳理中国东南亚学史（1900—1945年）成败得失的成果进行回顾，并在此基础上略作展望，是非常有必要的。

1 中国东南亚学史（1900—1945年）的发展历程及其特征

本文对中国东南亚学史（1900—1945年）的梳理，主要从学科史、学术史的视角展开。其内容包括20世纪初直至1945年，从事东南亚研究的学者及其著述、中国东南亚学的发展脉络与多途演进、中国东南亚学发展史上的若干重要问题等，时间跨度上兼涉晚清、民国两个时期。

20世纪前半期，在内忧外患的政治经济局面以及中国学术现代转型等因素影响下，东南亚研究备受关注，产生了一批值得重视的学者和成果，谱写了中国近代学术史上的光辉篇章。但真正从学科史、学术史角度针对这些学者学术研究成败得失的评价却起步甚晚，直至抗日战争胜利之后才逐步兴起。1947年1月，顾颉刚（1947）率先于《当代中国史学》一书中，高度评价姚楠、张礼千、许珏在南洋史研究领域的成就。顾颉刚是第一个在著作中开辟专门章节，对中国近代东南亚学史进行讨论的学者，其研究具有重要的意义。同年5月，何启拔（1947）发表《近十年来南洋研究在中国》一文，对抗战时期中国学术界的南洋研究作回顾性的介绍。顾、何的研究虽然非常简略，却吸引了部分学界同仁的关注，为南洋研究开辟了一个新的方向。继之而起截至新中国成立以前，又出现了许云樵（1947）《南洋研究的回顾与前瞻》、高事恒（1948）《南洋论·序》诸篇。

1949年至20世纪70年代中后期，中国东南亚研究在东南亚历史研究、中国与东南亚关系研究、东南亚华侨华人研究以及相关古籍笺注整理方面，取得了一系列成就。但由于种种原因，此时期学术界较少关注中国东南亚学史（1900—1945年）的梳理与总结工作。直到改革开放以后，中国东南亚研究才迎来新的重要转折，这一时期的学人以更加科学的态度与方法，针对中国东南亚学史（1900—1945年）进行了大量回顾、总结。1979年，朱杰勤在《暨南学报》的创刊号上发表《中国对东南亚研究的回顾与前瞻》，从东南亚研究的范围、我国历代关于东南亚的著述述评两个方面对中国的东南亚研究进行了回顾。在谈及晚清、民国学者的东南亚研究时，他提出这一时期的学者由于思想与方法的局限，“不能正确地解决有关的现实问题和历史问题”。但在对东南亚史地考证工作方面，“近人比前人做得好些”，“而且这个时期的学者也开始注意到华侨问题”，进而强调他们“取得了一些成绩”。至20世纪80年代初，针对部分学人贬低、无视中国东南亚史研究的现状，曾对20世纪中国学人的南洋研究做过详细梳理的史耀南（姚楠）直接驳斥：

“有个别的人竟然把中国说成是‘东南亚史研究的沙漠’”“简直是无稽之谈”“我们也不否认，近一两百年来，由于种种原因，我们在研究组织、资料利用和调查考察等方面，确实落后于西方人和日本人。这是需要我们总结经验教训，急起直追的”（史耀南，1983）。刘永焯（1994）所著《中国东南亚研究的回顾与前瞻》，将民国时期作为一个重要阶段，分析总结中国东南亚学史的成败得失，并展望之后的相关研究。

进入 21 世纪以来，中国学人在概述基础上深入思考，推进了研究深度。梁志明等（2002）在对中国东南亚研究进行前瞻探究时，也对民国学者研究东南亚的学术历程有所关注。他们提出：“进入 20 世纪后”“涌现了一批研究东南亚和南洋华侨史的学者”（梁志明 等，2002）。他们“道前人之未道，补研究领域之空白，在国际学术界占有一席重要地位”（梁志明 等，2002）。是故，“近代中国东南亚研究成为国际东南亚学的一支力量，一个重要的组成部分”（梁志明 等，2011）。该阶段的研究为三个方面：一是中国与东南亚关系史和华侨华人史成为研究的重点；二是中国的东南亚研究进入有组织阶段，创办了一系列的学术团体；三是从译注、考据发展到较成熟的理论与历史相结合的研究阶段（王国平，2013）。吴小安（2010）在梳理该时期相关研究成果的基础上，系统总结了“南洋研究”与“东南亚研究”的特征，并分析从“南洋研究”到“东南亚研究”的一致性与变化性。相关成果还有袁丁（2006）《评中国有关东南亚的研究》、周运中（2015）《中国南洋古代交通史的研究》、王向远（2021）《从东方学史看中国“南洋学—东南亚学”的成型与转型》等。

同时，海外学者以及部分侨居海外的中国学人也针对该时期中国东南亚学史展开了热烈的讨论。许云樵 1960 年在马来西亚发表了《50 年来的南洋研究》一文，将民国以降中国学人的东南亚研究分为何海鸣时代、刘士木时代、尚志学会时代、南洋学会时代四个大的时期，并与同一阶段英美法荷日等国的研究进行了比较。而南洋学会分别于 1977 年、2012 年结集出版《南洋学会与南洋研究》与《南洋研究回顾、现状与展望》，前者主要是对南洋学会相关出版史料的梳理、总结；而后者是“南洋学会 70 周年国际学术研讨会”的论文集，其中部分论文针对许云樵、韩槐准、姚楠等东南亚研究先驱的学术成就进行了系统梳理，并兼涉 20 世纪前半期中国东南亚研究团体、思潮和报刊的研究（许苏吾，1977；李志贤，2012）。

令人遗憾的是，以霍尔（1961）、科文等（1976）、塔林（2000；2007）等为代表的西方学者，曾编著有《东南亚的历史学家》《东南亚史和历史编纂学：献给 D.G.E. 霍尔》《历史学家与东南亚历史》《历史学家及其学科：东南亚史学的魅力》等著作，对西方学者东南亚史的研究历程作过详细论述，却将中国学者及其著述排除在外。

可见，前贤在中国近代东南亚学史的探讨过程中，大致存在两个特征。一是学者在回顾中国东南亚学史（1900—1945 年）的过程中多从各自学科领域出发进行探讨，从而造成相关概念的模糊与缠绕。实际上东南亚研究是一个跨学科的概念而不是某个具体的研究领域。二是各类研究多以某些具体专题作为研究对象而缺乏整体研究，有限的整体研究又存在广度与深度上的严重不足。例如至今尚未出现研究 20 世纪中国东南亚学史的专著。且大部分专题研究多就事论事，没有能进一步剥离学术研究的现实关照。基于此，从学术史或史学史角度对中国东南亚学史（1900—1945 年）的探究还存在较大空间，有必要做进一步的深入研究。特别是要在区域国别学建设的背景下，通过此项研究展现东南亚研究的中国气派，探寻其对于建构中国特色哲学社会科学“三大体系”的意义。

2　中国东南亚学史（1900—1945 年）研究学者与著作的分析

从 20 世纪初到抗战胜利这一段时期，中国东南亚学研究领域可谓是高手云集，一大批蜚声海内外的学者致力于东南亚的研究，撰述了一批有分量、经得起历史考验的学术论著。

梁启超是中国现代东南亚研究的开创者，笔者认为：梁启超在中国近代古今中西交汇的大背景下，利用新史学的研究方法与著述形式，开启了具有现代意义的南洋研究。他是中国学术界第一个将南洋研究纳入现代学术体系的人物，与后世学者相比，梁氏的南洋研究又呈现了“但开风气不为师”的特征。梁启超为南洋研究注入了不少新的内容，为学术界的相关研究开辟了广阔道路（熊展钊，2019）。作为与梁启超同一时期从事东南亚研究的重要学者，沈曾植及其相关著述的研究则受到了学者的更多关注。许全胜（2007a；2007b）在分析沈曾植早期中外史地研究的过程中，将他关于东南亚的著述，如《诸番志注》《岛夷志略广证》等视作中西交通史的重要成果；并将其相关研究的特征归结为“与时俱进”“承前启后”。之后，许全胜（2011）又从印度学的视角，对沈曾植《佛国记笺注》进行了细致入微的分析，表彰其在印度学方面“筚路蓝缕，以启山林”的不朽功绩。此外，修彩波（2010）认为:《岛夷志略广证》作为我国首部正式对南洋舆地进行研究的著作，打破了以往边疆舆地研究只重西北的局面，转而开始关注西南、东南和南洋舆地的研究；沈曾植的研究广泛涉猎诸多文化领域，初成会通中西的研究方法，在南洋史地研究中具有“筚路蓝缕的先驱作用”。

冯承钧是中国东南亚研究的一面旗帜，早在 1949 年之前，向达（1946）、朱杰勤（1947）即在悼念冯承钧的过程中，对其东南亚研究多有评述。之后，学术界对其东南亚研究的特点与成就亦不乏归纳总结。在中西交通史研究方面，郑鹤声（1994）从《中国南洋交通史》的撰述、相关史料的搜集整理、相关外国著述的翻译等方面，全面总结了冯承钧中外关系史研究的特征与成就，认为:“冯先生以其对中外文化交流的历史的深刻理解，为后人深入研究中国海外交通史、中外关系史留下一笔丰厚的学术遗产”。修彩波（2010）也从欧洲汉学译介、南洋交通史研究、融汇中西的治史方法等角度分析了冯承钧先生的中西交通史研究。邹振环（1996）、黎难秋（2017）等人则从相关史籍翻译的角度对其东南亚研究、中外交通史研究进行了探讨。

陈序经与岑仲勉是民国时期的大家，学术研究呈现广阔规模，在东南亚研究上也取得过瞩目成就。截至目前，学界针对陈序经的研究多集中于文化学方面。至于陈氏东南亚研究的特征、成就等问题，未见相关论述。余定邦（2005）所著《陈序经与泰族研究》一文，对陈序经泰国研究的若干重要见解进行了探讨，虽没有从整体上对陈序经东南亚研究进行总结，却也弥补了相关研究的不足，意义重大。岑仲勉虽以唐代文史考证闻世，但他的《中外史地考证》等书对东南亚的研究多有涉及。项念东（2010）以为，岑仲勉早年曾从事边疆史地的研究，其中不乏南洋地区的研究；岑仲勉早年的这些研究培养出来的“史源”追考意识对其后来的文献考据研究存在重要影响。蔡鸿生（2005）将岑仲勉中外史地考证的研究分为南海史、西域史、突厥史三个方面，重点论述了他实事求是的学术风格。

李长傅是民国时期东南亚研究领域卓有贡献的专家学者，陈代光（1990）曾对李长傅的生平、著述以及学术成就作过一番详细的叙述。牛建强（2005）说，李长傅在华人华侨史、南洋史地、中国历史地理等领域作出了具有开拓性的贡献，除所撰写的大量学术论文外，代表性的著作有《南洋华侨史》《中国殖民史》和《开封历史地理》等。牛建强（2005）重点论述了李长傅学术研究的四块基石，即扎实的古文功底、多重的语言工具、深厚的理论素养和科学的研究方法。周玉红和张应龙（2009）从华侨华人研究和南洋史地研究两个方面认识李长傅的南洋研究，他们总结了李长傅对中国华侨华人研究的四点贡献：开创了中国国内华侨史的区域性研究，开启了暨南大学研究华侨华人问题的传统，开辟了中国国内华侨华人研究方法多元化发展的学术道路，相关著述奠定了中国华侨华人研究的部分理论基础。关于李长傅的东南亚历史地理研究，周玉红和吴宏岐（2010）提出：由于具有近代地理学的素养，又瞩目于历史地理学之研究，所以李长傅对于相关南洋历史地理文献的整理和校释就不以版本校勘和言义训诂为主，而是“以注释地理，特别是地名为主，并涉及必要的历史说明和有关名词解释”。这就使其相关作品超出了一般意义上的古籍文献整理的范畴，而在东南亚历史地理研究方面有了较高的学术参考价值。周玉红和吴宏岐还认为，李长傅“在南洋历史地理研究方面颇多致力，在南洋相关历史地理文献的整理与校释文献方面作出的研究和探索，值得今人系统总结并给予充分的肯定，在研究东南亚历史地理方面有所参考和供鉴”。

与李长傅同时期的东南亚研究专家还有许云樵。冯洋（1988）将许云樵的学术生涯划分为四个大的阶段，对其生平、学术活动与著述进行了全面梳理，是较早关注许云樵先生代表性成果的学者。何奕恺（2012）以《南洋先驱史家藏书研究》为题，对许云樵和陈育崧藏书的基本情况、藏书的特点与价值进行了论述。近年，马来西亚学者廖文辉（2004；2008；2012a；2012b）对许云樵的东南亚研究进行了深入分析，成果颇丰，并先后发表了一系列著述，对许云樵东南亚研究的部分内容，如学术渊源、历史文献学研究、华侨华人研究、中西交通史研究等方面进行了充分研究。

2013年，适逢朱杰勤一百周年诞辰，学术界开展了对朱杰勤的纪念活动，出现了一批回顾和研究朱杰勤学术的文章。高伟浓（2013）从家教、学养、成长历程、学术经历、治学特点等方面对朱杰勤的一生作了全面回顾。而袁丁（2013）主要回忆了自己向朱杰勤求学、与之交往的部分经历，加深了学术界对朱杰勤先生生平及其学术成就的认识。对朱杰勤的整体评价还可见于陈炎（1992）《沉痛悼念恩师朱杰勤教授》、纪宗安（1996）《朱杰勤先生学术系年》等文章。实际上，学术界对朱杰勤学术研究的评介早已开始。丘进（1985）曾对朱杰勤中外关系史研究的基本进程、独到见解以及学术贡献有过较早的论述。之后，陆续有不少学者关注朱杰勤在中外交通史研究上的特点与贡献，如卢苇（1995）、纪宗安和孟宪军（2006）、孙光圻（2012）、许艳青（2018）等人。同时，还有不少人主要研究朱杰勤对中外交通史学科建设的贡献。例如，丘进（2012）总结了朱杰勤教学和推进中外关系史学科建设的五点经验；王介南（2012）则重点论述了朱先生为中外关系史学科建设所作的种种努力，彰显了朱杰勤的不懈努力和崇高追求。此外，杨俊光等（2013）就朱杰勤史学思想的特点、史学批评的成就以及历史教育思想三方面内容，对其史学思想进行了论述。王亚芬（2013）以《东南亚华侨史丛书》为中心，分析了朱杰勤东南亚华侨史研究的基本情况，认为朱杰勤不但对《东南亚华侨史丛书》的撰写和编辑出版工作，而且对中国的东南亚华侨史学科的发展作出了重要贡献。

相比同时期从事东南亚研究的学者，学界对姚楠的研究略显不足。陈玉龙（1988）对姚楠的生平与学术生涯做过一番饱含温情与敬意的回顾与描绘，盛赞姚楠是“现代南洋研究的拓荒者”。1990年，姚楠与世长辞，部分学者撰写了纪念文章，如陈炎（1992）、王介南（1997）等。21世纪以来，马来西亚的廖文辉（2007）则针对张礼千、姚楠的南洋研究对东南亚地区南洋研究的推动与促进作用进行了分析。又有苏庆华（2012）对姚楠学术的研究。苏庆华的文章主要从姚楠、韩槐准的生平简历切入，详述二人的南洋研究成果和崇高的人品风范，认为二人是南洋研究的先驱人物。

由此可见，相关研究主要针对中国学者以及华人学者展开，对该时期国外学者的研究成果关注不够。实际上，伯希和、费琅、柔克义、藤田丰八等国外学者研究东南亚的著述曾在中国学术界产生了较大影响，对他们成果研究的缺失导致的是对中国学者相关研究认识的局限，这不得不说是一种遗憾。同时，学界针对近代东南亚研究名著的分析亦有待加强。冯承钧《中国南洋交通史》系民国时期中国学人东南亚研究的典型代表，曾出现过外文译本。学界目前针对此书的研究还有待深入，特别是对其学术典范意义的彰显。另如温雄飞《南洋华侨史》，李长傅《南洋史纲要》等，也有必要作进一步的研究。此外，部分学人如陈达、刘士木、韩素封、韩槐准等，学界对他们从事东南亚研究的特点与成就探究尚嫌不足，相关研究的问题意识也有待加强。

3　中国东南亚学史（1900—1945 年）相关文献与出版、机构的研究

首先是关于中国东南亚学刊物的研究。《侨务旬刊》是民国学者“注意南洋研究之初”（许云樵，1947）。赵灿鹏（2015）对何海鸣生平，以及《侨务旬刊》的出版情况、稿件来源、主要内容、学术价值、影响等问题进行了全面系统的分析，主张：“何海鸣是中国现代华侨研究的先行者，”“在 20 世纪早期出现的几种华侨研究杂志中，《侨务旬刊》办刊时间最久，刊物期数最多，刊布学术论著最为繁富，是这个阶段中最有代表性的一种刊物，成为现代华侨史的一个里程碑”。之后，有《南洋研究》《南洋情报》《新南洋》等期刊陆续问世，成为民国学人探讨东南亚的重要阵地。现如今，人们对于这些杂志的研究相对不足。在有限的研究中，年波（1994）通过对《新南洋》相关历史档案的研究，还原了该期刊创办时有关期刊许可证的一系列史实——“《新南洋》杂志虽只出了两期，但它却是一项开创性的工作，有力地促进了对南洋问题和侨务工作的研究”。

学术界还对部分近代创办于海外的东南亚学期刊进行了研究。温建钦和舒习龙（2016）的论文以新加坡《南洋杂志》的创刊号为研究对象，通过考察其创刊的缘起与目的、创刊号的内容及创刊号的作者，试图站在华侨的立场上分析华侨民族主义的实质，揭示 20 世纪 30 年代东南亚地区华侨如何借用民族主义认同话语来凝聚力量与整合资源，从而达到在地谋求生存和发展的目的。二者认为《南洋杂志》的创刊缘起与目的、创刊号的主要内容及创刊号的作者无不透视出南洋华侨借助中华民族的观念跨国建构华侨统一意识的思想。这既体现了东南亚华侨民族主义加强的历程，也在某种意义上凸显了华侨把民族主义认同作为寻求生存和发展之道的策略。刘宏（2016）对《南洋群岛商业研究会杂志》进行了研究，指出李文权是受到亚洲主义思想影响的中国学人之一，他在日本创办《南洋群岛商业研究会杂志》，并在该杂志中提倡富国以兴实业，强调关注南洋，重视华侨在中国发展尤其是商战中发挥的重要作用。该杂志所体现的观念是近代中国的新南洋观与跨界亚洲观的雏形。进一步指出，晚清知识分子的亚洲想象大都是基于中日、中西或中国—东南亚这些双向对比而产生的，但李文权及其同僚超越了这种双向性，将亚洲想象置于多边和流动的语境之下加以建构，并从东西方冲突的视野重新审视亚洲区域关系。

晚清、民国时期还出版了一大批有关东南亚的文献，然而其中不少著述因年代久远以致难以搜寻。有鉴于此，易淑琼（2016）以民国时期具有代表性的华侨著述中的序跋切入，对民国南洋华侨文献出版热的背景与出版特征进行阐述，进而辨析民国公众认知中的南洋观。认为经济因素是民国南洋华侨研究热和出版热的内驱动力；在南洋作为常识的出版热中，大众南洋观逐渐形成并呈现从我族中心主义转为基于经济互惠前提的平等合作、共存共荣的全新视角的特点。整合建构民国南洋华侨研究专题文献具有重大意义。而新加坡南洋学会在2010年出版了《南洋学会出版书刊总目（1940—2010）》一书，对学会七十年间出版的各类学术著述进行了仔细的搜集与整理（陈荣照，2010）。

还有不少学者针对近代出版的东南亚相关著述进行过专题的探讨。王璐（2017）将冯承钧所译《马可·波罗行纪》与中国传统史料相对照，认为：史籍中对于元朝初年征缅史事的记载大多零散错乱，记述含糊不清。虽有《皇元征缅录》《元史·缅国传》《新元史·缅国传》等对该段史实进行整理的史料，但仍存在较多讹误，如时间、事件、人物记载前后错乱等等问题。而《马可·波罗行纪》中所载的征缅应为1277年元缅两次战役中的首战，是元兵增援已臣属阿禾部族的过程中与缅军的一次遭遇战。此战元军的实际指挥将领应为忽都，缅军的主要将领因史料缺乏，且记载含糊难以确知。此文是利用冯承钧的成果对传统史籍作考证工作，而更多的学者则是针对某部著述进行全面的考证、分析、评价研究。刘永连和石沧金（2002）在评价李长傅《南洋史地与华侨华人研究》一书时，突出其两大特点，即：论文内容体现了多学科、多方面的学术价值；字里行间透露出强烈的爱国情怀和民族主义。任则（2001；2007）对《南洋史地与华侨华人研究》和《李长傅文集》都进行过评述。蔡仁龙（1988）曾对《暹罗王郑昭传》进行了考证工作，提出：该书是许云樵根据泰国学者朗苇吉怀根所著《暹罗史》翻译而成，并非许氏原著；许云樵并未在1926年于上海求学期间编撰《暹罗王郑昭传》，书也不是在1926年由上海商务印书馆开始出版发行的。陈玉龙（1985）还对姚楠所著《星云椰语集》进行了评价，说此书“不但看到作者的史学家之笔削，而且看到文学家之才华。他的文字清新隽永，有如行云流水，舒卷自如。同时由于他对祖国无比热爱，对第二故乡新加坡一往情深，感情真挚朴素，读来也十分感人”。

除此之外，中国学人还整理出版了部分相关史料，如郑鹤声和郑一钧（1980）《郑和下西洋资料汇编》、耿素丽（2008）《南洋史料》、孟利群（2010）《南洋史料续编》、耿素丽和张军（2001）《民国华侨史料汇编》、福建省图书馆（2016）《民国时期福建华侨史料汇编》、黄显堂（2020）《近代华侨史研究资料汇编》以及陈卓和林黎南（2022）《民国时期东南亚研究文献汇编》等。

再就是对东南亚学学术机构的研究。1928年，中国近代学术史上第一个从事东南亚研究的专门性研究团体，国立暨南大学南洋文化事业部在上海成立。沈立新（1986）从主要任务、组织条例、机构设置等方面对事业部的各类情况进行了介绍；详细归纳了事业部所推进的学术事业。他认为，事业部在华侨教育方面作出了重要贡献：第一，制定了有关侨教的多种条例和办法；第二，对南洋的华侨教育广泛进行调查；第三，发起并召开南洋华侨教育会议；第四，对华侨教育问题进行探讨；第五，设立海外侨民师资训练班。李洁容（2001）在探讨南洋文化教育事业部成立时代背景的基础上，分析其历史成就与贡献，对该事业部的研究成果、工作成就进行了系统归纳；并分析了事业部研究成果的启示，即科研工作应该发挥本校优势；提高科研人员素质是搞好科研工作的关键；学术研究应与教学密切结合，互相促进。李文研究的重点在于事业部的科研工作及其启示。至于赵灿鹏（2007）的研究，则主要针对事业部的历史沿革以及各个阶段的主要任务进行了详细的考证与分析。近些年，又有台湾地区学者对 1945 年之前暨南大学的南洋研究进行了分析，勾勒出这一时期暨南大学的学者群、关注的问题以及相关著述。最后评价说，暨南大学研究群只是“以中国为中心”去观察和理解南洋，是时代思潮局限下的产物（李盈慧，2012）。以及陈岭（2021）所著《“反殖”与“殖民”：中国本土化南洋观和“殖民”话语建构——暨南大学的南洋书写（1927—1937）》。

七七事变后，姚楠、张礼千等人远赴东南亚，并于 1940 年在新加坡成立了中国人研究东南亚的第一个民间学术团体——中国南洋学会。姚楠作为主要负责人，曾对南洋学会的创立、发展、宗旨、组织、会员、著述、期刊、丛书以及其他学术活动进行了仔细论述。在此基础上，姚楠（1984）归纳了学会在中国的影响。2010 年，“南洋学会 70 周年国际学术研讨会”在新加坡召开，部分与会学者的研究再次引发了学术界对南洋学会的关注。颜清湟（2012）将南洋研究区分为南洋学会创办以前、南洋学会创办与早期发展（1940—1957 年）与南洋学会后期发展（1958—2010）三个时期，分别对三个时期南洋学会对南洋研究作出的贡献进行了详细论述，并指出了南洋学会未来可能面临的困境以及解决措施。

成立于 1942 年的南洋研究所是中国近代第一个具有官方性质的南洋研究学术机构。肖多（1994）对这个研究机构的创立背景、创建过程、人员构成、工作方案与发展沿革进行了详细分析，引用了大量一手的档案材料。今人得以详细了解重庆南洋研究所的基本情况，受益于此极多。近年来，又有于延亮（2020）对南洋研究所的进一步深入研究。此外，于延亮（2019）还关注过中南文化协会的南洋研究。

对 1900—1945 年中国东南亚学期刊、文献与出版以及研究团体的研究本应是重点而备受瞩目，然而现状则是：一大批应该值得重点关注的期刊还没有得到重视，若干重要科研机构的研究根本无人问津。《侨务旬刊》作为中国近代东南亚华侨问题期刊的早期代表，至今未得到整理出版，与其学术地位实在不相符。至于针对相关学术期刊的研究，则更显薄弱，如《南洋报》《南洋时事汇刊》《南洋旬刊》等。同时，有关科研机构的研究，也主要集中于国立暨南大学南洋文化事业部、中国南洋学会、南洋研究所等，而像中国南洋经济协会、国立东方语文专科学校等，则未见相关研究成果。

4 结语

学科史、学术史研究是当下历史学研究的重要领域，对中国东南亚学进行学术史的探讨本身就是一个饶有价值的课题。同时，我们还应当认识到：对 20 世纪前半期中国东南亚学史的回顾是方法而非目的，是在启迪当下以及未来东南亚研究动机下的研究。故对该课题的研究既要坚持资料性、学术性，同时又要强化问题意识，探寻课题的现实意义。

近年来，“一带一路”倡议正逐渐为世界各国所广泛接受，区域国别学亦开始作为独立的一级学科得到建设发展。在此大背景下，如能在史料的发掘整理和研究视角与方法的不断创新方面有进一步的探索，更加注重历史探索与现实研究的结合，更加注重国际交流与对话，则中国东南亚学史的探讨极有可能成为东南亚研究、史学史研究领域的新热点，产生一批具有影响力的成果，并为推动中国特色哲学社会科学“三大体系”建设提供若干参考。

参考文献

蔡鸿生，2005. 岑仲勉中外史地考证的学术风格 [J]. 暨南学报（哲学社会科学版）(4)：93-96.

蔡仁龙，1988. 许云樵《暹罗王郑昭传》考 [J]. 华侨华人历史研究（1）：55-57.

陈代光，1990. 李长傅先生传略 [J]. 地理学与国土研究，6（2）：61-64.

陈岭，2021. “反殖”与“殖民”：中国本土化南洋观和“殖民”话语建构——暨南大学的南洋书写（1927—1937）[J]. 东南亚研究（1）：130-151.

陈荣照，2010. 南洋学会出版书刊总目（1940—2010）[M]. 新加坡：新加坡南洋学会 .

陈炎，1992. 沉痛悼念恩师朱杰勤教授 [J]. 海交史研究（1）：109-113.

陈炎，1996. 风范彪千秋 英名传万代——沉痛悼念先师姚楠教授 [J]. 海交史研究（2）：1-5.

陈玉龙，1988. 现代南洋研究的拓荒者姚楠 [J]. 社会科学战线（3）：310-314.

陈玉龙，1985. 姚楠《星云椰雨集》[J]. 读书（11）：59-60.

陈卓，林黎南，2022. 民国时期东南亚研究文献汇编 [M]. 北京：国家图书馆出版社 .

冯洋，1988. 著名东南亚史及华人史学家——许云樵（1905—1981）[J]. 南洋问题研究（1）：93-99.

福建省图书馆，2016. 民国时期福建华侨史料汇编 [M]. 北京：国家图书馆出版社 .

高事恒，1948. 南洋论 [M]. 上海：南洋经济研究所 .

高伟浓，2013. 会看户户诵雄文，价重蓬山求络绎——纪念朱杰勤教授诞生一百周年 [J]. 东南亚研究（6）：104-110.

耿素丽，张军，2011. 民国华侨史料汇编 [M]. 北京：国家图书馆出版社 .

耿素丽，2008. 南洋史料 [M]. 北京：国家图书馆出版社 .

顾颉刚，1947. 当代中国史学 [M]. 南京：胜利出版公司 .

韩槐准，1947. 琼州南洋交通考 [J]. 南洋英属琼州会馆联合会会报，1（1）：6-7.

何启拔，1947. 近十年来南洋研究在中国 [J]. 南洋杂志，1（7）：136-137.
何奕恺，2012. 南洋先驱史家藏书研究：以许云樵、陈育崧为中心 [C]// 李志贤 . 南洋研究回顾、现状与展望 . 新加坡：新加坡南洋学会：163-176.
黄显堂，2020. 近代华侨史研究资料汇编 [M]. 上海：上海科学技术文献出版社 .
纪宗安，等，1996. 朱杰勤先生学术系年 [J]. 海交史研究（1）.
纪宗安，孟宪军，2006. 朱杰勤与中外关系史研究 [J]. 暨南学报（哲学社会科学版）(6)：1-5.
黎难秋，2017. 近代杰出史地学、宗教学翻译家冯承钧 [J]. 上海翻译（1）：58-61.
李洁容，2001. 暨南大学南洋文化教育事业部的历史成就与贡献 [J]. 暨南学报（哲学社会科学版）（5）：112-115.
李盈慧，2012. 中国视野中的南洋观：1945 年以前的暨南大学与南洋研究 [C]// 李志贤 . 南洋研究回顾、现状与展望 . 新加坡：新加坡南洋学会：69-90.
李志贤，2012. 南洋研究回顾、现状与展望 [M]. 新加坡：新加坡南洋学会 .
梁志明，李一平，2011. 中国东南亚史学研究的进展与评估 [J]. 世界历史（2）：120-127.
梁志明，张锡镇，杨保筠，2002. 面向新世纪的中国东南亚学研究：回顾与展望 [J]. 南洋问题研究（1）：86-93.
梁志明，2007. 关于中国东南亚学研究的几个问题 [M]// 北京大学东南亚学研究中心 . 中国东南亚学研究：动态与发展趋势 . 香港：香港社会科学出版社 .
梁志明，2007. 中国东南亚史学研究的回顾和评析 [M]// 北京大学东南亚学研究中心 . 中国东南亚学研究：动态与发展趋势 . 香港：香港社会科学出版社 .
廖文辉，2004. 试论许云樵的乾嘉朴学传统 [J]. 海华与东南亚研究季刊，4（1）：71-92.
廖文辉，2007. 张礼千、姚楠与马新南洋研究 [C]// 郑文泉 . 绝代英华—马来（西）亚英殖民时期华裔文人与学人研究 . 加影：新纪元学院族群研究中心：65-78.
廖文辉，2008. 许云樵的历史文献学 [J]. 新纪元学报（4）：3-15.
廖文辉，2012a. 许云樵的华侨华人研究 [J]. 东南亚研究（5）：88-93.
廖文辉，2012b. 试论许云樵的东西交通史研究 [C]// 李志贤 . 南洋研究回顾、现状与展望 . 新加坡：新加坡南洋学会：205-235.
刘宏，2016. 近代中国的南洋想象与跨界亚洲的建构——以《南洋群岛商业研究会杂志》为中心的考察 [J]. 近代史学刊（1）：69-90.
刘永焯，1994. 中国东南亚研究的回顾与前瞻 [M]. 广州：广东人民出版社 .
刘永连，石沧金，2002.《南洋史地与华侨华人研究》述评 [J]. 海交史研究（2）：126-128.
卢苇，1995. 朱杰勤教授对中外关系史研究的贡献 [J]. 海交史研究（2）：1-5.
孟利群，2010. 南洋史料续编 [M]. 北京：国家图书馆出版社 .
年波，1994. 关于《新南洋》季刊的创办 [J]. 学海（6）：93.
牛建强，2005. 李长傅先生学术活动的基石 [J]. 暨南学报（哲学社会科学版）(4)：103-108.
丘进，1985. 朱杰勤教授与中外关系史研究 [J]. 广州研究（2）：66-68.
丘进，2012. 细微之处呈风范—忆朱杰勤先生执教，观中外关系史学科建设 [J]. 暨南史学（7）：8-11.
任则，2001.《南洋史地与华侨华人研究》评介 [J]. 中国史研究动态（12）：26-28.
任则，2007. 读《李长傅文集》[J]. 中国史研究动态（12）：27-29.
沈立新，1986. 原暨南大学“南洋文化教育事业部”介绍 [J]. 华侨历史（3）：54-57.
史耀南，1983. 中国对东南亚史的研究 [J]. 世界历史（2）：80-84.
苏庆华，2012. 南洋研究先驱人物：以韩槐准和姚楠为例 [C]// 李志贤 . 南洋研究回顾、现状与展望 . 新加坡：新加坡南洋学会：41-45.
孙光圻，2012. 大师风范 舐犊深情——朱杰勤先生提携后辈拓展中西交通史研究之贡献 [J]. 暨南史学（7）：19-21.
王国平，2013. 中国的东南亚历史研究：回顾、评估与展望——梁志明教授访谈录 [J]. 东南亚南亚研究（3）：87-93.
王介南，2012. 学为人师 行为世范——缅怀当代中外关系史学科的奠基人朱杰勤 [J]. 暨南史学（7）：12-18.
王介南，1997. 永恒的怀念——敬悼姚楠恩师 [J]. 东南亚研究（2）：62-64.
王璐，2017. 冯承钧译注《马可·波罗行纪》中征缅史事考 [J]. 白城师范学院学报（7）：73-78.
王向远，2021. 从东方学史看中国"南洋学—东南亚学"的成型与转型 [J]. 云南社会科学（5）：176-184.
王亚芬，2013. 朱杰勤与东南亚华侨史研究——以〈东南亚华侨史丛书〉为例》[J]. 东南亚南亚研究（1）：86-89.
温建钦，舒习龙，2016. 民族主义抑或生存策略：20 世纪 30 年代东南亚华侨的认同——以 1930 年《南洋杂志》创刊为例的分析 [J]. 华侨华人历史研究（1）：74-81.
吴小安，2010. 从"南洋研究"到"东南亚研究"：一位中国学者的观察与思考 [C]// 李晨阳，祝湘辉 .《剑桥东南亚史》评述与中国东南亚史研究 . 广州：世界图书出版公司 .
向达，1946. 悼冯承钧先生 [J]. 民主周刊，3（3）：9-13.
项念东，2010. 岑仲勉早年边疆史地研究与其文献考据思路之形成 [J]. 中国典籍与文化（3）：29-36.
肖多，1994. 略说南京国民政府南洋研究所 [J]. 学海（1）：84-88.
熊展钊，2019. 梁启超与中国现代南洋研究 [C]// 中山大学历史系 . 中国东南亚研究会第十届年会暨学术研讨会论文集 . 广州：中山大学历史系：221-225.
修彩波，2010. 近代学人与中西交通史研究 [M]. 北京：光明日报出版社 .
许全胜，2007a. 千秋孤索炯心光—近代史学先驱沈曾植述论 [J]. 图书馆杂志（6）：64-68.
许全胜，2007b. 沈曾植与早期中外史地研究 [C]// 耿昇，等 . 多元视野中的中外关系史研究——中国中外关系史学会第六届会员代表大会论文集 . 延吉：延边大学出版社：66-78.
许全胜，2011. 沈曾植与印度学 [J]. 图书馆杂志（11）：95-96.
许苏吾，1977. 南洋学会与南洋研究 [M]. 新加坡：新加坡南洋学会 .
许艳青，2018. 朱杰勤藏书与中外关系史研究 [J]. 暨南史学（15）：225-233.
许云樵，1947. 南洋研究的回顾与前瞻 [J]. 文讯月刊，7（3）：127-130.
许云樵，1960. 50 年来的南洋研究 [C]// 刘问渠 . 这半个世纪（1910-1960）:《光华日报》金禧纪念增刊 . 槟榔屿：光华日报有限公司：133-150.
颜清湟，2012. 南洋学会与南洋研究 [C]// 李志贤 . 南洋研究回顾、现状与展望 . 新加坡：新加坡南洋学会：3-19.
杨俊光，叶建，2013. 南粤史家朱杰勤史学思想探微——纪念朱杰勤先生诞辰 100 周年 [J]. 五邑大学学报（社会科学版）(3)：31-35.
姚楠，1984. 中国南洋学会的创立与发展 [J]. 世界历史（3）：83-84.
易淑琼，2016. 民国南洋华侨文献出版热及"南洋"观辨析 [J]. 华侨华人历史研究（2）：71-80.
于延亮，2019. 中南文化协会及其南洋研究 [J]. 东南亚纵横（3）：91-96.
于延亮，2020. 南洋研究所及其南洋研究（1942—1945）[J]. 历史教学问题（1）：64-71.
余定邦，2005. 陈序经与泰族研究 [J]. 东南亚纵横（4）：1-5.
袁丁，2006. 评中国有关东南亚的研究 [J]. 东南亚纵横（3）：41-47.
袁丁，2013. 忆先生二三事 [J]. 东南亚研究（6）：111-112.
赵灿鹏，2007. 暨南大学南洋文化事业部的历史沿革 [J]. 东南亚研究（6）：5-11.
赵灿鹏，2015. 中国现代华侨研究的发端：何海鸣与〈侨务旬刊〉述略 [J]. 华侨华人历史研究（2）：78-83.

郑鹤声，郑一钧，1980. 郑和下西洋资料汇编 [M]. 济南：齐鲁书社 .
郑鹤声，1994. 冯承钧对中国海外交通史、中外关系史研究的贡献 [J]. 海交史研究（1)：12.
周玉红，吴宏岐，2010. 李长傅对南洋历史地理文献的整理与校释 [J]. 东南亚纵横（5)：81-83.
周玉红，张应龙，2009. 李长傅先生对中国华侨华人研究的学术贡献 [J]. 八桂侨刊（4)：12-16.
周运中，2015. 中国南洋古代交通史 [M]. 厦门：厦门大学出版社 .
朱杰勤，1947. 纪念冯承钧先生 [J]. 南洋学报，4（1)：60-67.
朱杰勤，1979. 中国对东南亚研究的回顾与前瞻 [J]. 暨南学报（哲学社会科学版）(1)：64-65.
邹振环，1996. 冯承钧及其在中国翻译史上的贡献 [J]. 学术月刊（4)：49-54.
COWAN C D, WOLTERS O W, 1976. Southeast Asian history and historiography: essays presented to D.G.E. Hall[M]. Ithaca: Cornell University Press.
HALL D G E, 1961. Historians of Southeast Asia[M]. London: Oxford University Press.
TARLING N, 2000. Historians and Southeast Asian history[M]. Wellington: New Zealand Asia Institute.
TARLING N, 2007. Historians & their discipline: the call of Southeast Asian history[M]. Kuala Lumpur: Malaysian Branch of the Royal Asiatic Society.

作者简介

熊展钊，海南师范大学历史文化学院讲师。主要研究领域：中国近代学术史研究。电子邮箱：xzz-2003@126.com。

从纳达到达公：越南南部纳达信仰中的族群整合与互动

陶文文

摘　要：纳达是高棉人的民间神灵信仰，是原始时期万物有灵信仰的延续。由于地缘环境、社会背景及多元文化因素的影响，以及高棉人、越人、华人在今越南南部一带长期混居生活的历史现实，纳达逐渐成了以上各族群共同参与的民间信仰形式。本文通过分析越南南部纳达神灵的职能内涵、名称演变、传说情节、从化身到偶像的转变、信仰空间以及纳达仪式的过程等内容发现，高棉人、越人、华人通过共同进入纳达信仰而实现族群的整合与互动。这种马赛克式族群、宗教信仰文化的整合与互动模式折射出了东南亚文化世界的典型特征，是东南亚文化多样性归合于同一性、同一性涵括多样性特征的写照。

关键词：纳达；高棉人；族群；越南；华人

From Neak Ta to Ong Ta: Ethnic Integration and Interaction in Neak Ta Folk Belief in Southern Vietnam

Tao Wenwen

Abstract: Neak Ta is the folk deity belief of the Khmer people, and is a continuation of thc bclicf in animism in the primitive period. Due to the influence of geographical environment, social background and multicultural factors, as well as the historical reality that the Khmer, Vietnamese and Chinese have lived together in the southern part of Vietnam for a long time, Neak Ta has gradually become a form of folk belief in which the above ethnic groups participate. This article analyzes the functional connotation, name evolution, legendary plot, transformation from incarnation to idol, belief space and process of the rituals of the Neak Ta deity in southern Vietnam and finds that the Khmer, Vietnamese and Chinese have achieved ethnic integration and interaction by entering the Neak Ta belief together. This mosaic-style integration and interaction mode of ethnic groups and religious belief culture reflects the typical characteristics of the Southeast

Asian cultural world, and is a typical portrayal of the characteristics of Southeast Asian cultural diversity being integrated into identity and identity containing diversity.

Keywords: Neak Ta; Khmer; Chinese; Vietnamese; ethnic groups

纳达（Neak Ta）①是高棉民族的本土神灵。如今，柬埔寨的大小社区都盛行纳达信仰。由于历史原因，现在仍有大批高棉人居住于湄公河三角洲（在越南境内又称九龙江）一带，纳达信仰也保留在这些高棉族聚居的社区。受地缘环境、社会背景以及多元文化因素的影响，越南南部的纳达信仰相较于柬埔寨本土的纳达信仰已经发生变化。本文结合印度教、佛教进入古代柬埔寨的过程梳理了纳达信仰的演变历程和高棉人、越人、华人在今越南南部定居的历史脉络，通过解构和分析越南南部纳达神灵的职能内涵、名称演变、传说情节、从化身到偶像的转变、信仰空间以及纳达仪式的过程等内容，剖析高棉人、越人、华人通过纳达信仰实现族群整合与互动的路径。

1　纳达：多元文化的民间神灵信仰

有学者认为“纳达”包含两种意义：其一，“纳”是表示尊称的前缀词，“达”是对男性长辈的称谓；其二，“纳达”是“纳德瓦达”（Neak Devata）缩略词，“德瓦达”在柬埔寨语中意为“神祇”（钟楠，2014）。另一种观点则认为，“纳达”在柬埔寨语中有两层意思：“地域的”和“祖先的”。柬埔寨学者安久林（Ang Choulean）认为，“纳达”既代表村里的土地，又代表村里人的祖先，它既是土地，也是人，是这两种意向的结合。“纳达”代表的土地不是野地、森林，而是被人类文明驯化的种植水稻的土地。“纳达”代表的祖先很难考证，但确是历史上真实存在的人物，是把某片野地转变为文明的耕地的人，是村落的先锋。“纳达”最基本的观念便是土地和人（罗杨，2013；2016）。

一些西方学者和柬埔寨学者认为，高棉人的纳达最初或许源自万物有灵信仰，在印度化浪潮席卷古代柬埔寨时，纳达信仰与印度教中的一些仪轨发生了融合（罗杨，2016）。佛教兴起之后，一些印度教中的神祇转换为某个地域范围内的纳达，继续受到当地人们的崇拜（罗杨，2016）。另一些柬埔寨学者则认为，纳达是伴随着中国人在柬埔寨开荒定居而传播到当地的（罗杨，2013）。

综上，可以大致梳理出纳达信仰的基本发展脉络及其包含的文化因素。在印度婆罗门教、佛教、中国文化传入之前，东南亚各地的民族和部落社会已经产生了以

---

① 国内学界对该神灵信仰的中文译名并未统一，有“纳达”“涅达”“娘达”“纳塔”“耐达”等几种译法，本文中统一采用罗杨在《他邦的文明》中的译名“纳达”，特此说明。

神灵崇拜为中心的原始宗教意识，如缅甸人的“纳特”（Nat）、泰人的“菲”（Phi）等，都是指自然界无处不在的神灵（贺圣达，2015）。公元前，高棉人逐步南迁至今柬埔寨及越南南部地区定居。出于对自然现象的畏惧和依赖，高棉人已经产生万物有灵的原始宗教观念，这就是纳达信仰的本源，虽然在初期可能尚未形成统一的名称。

公元1世纪起，高棉人古国开始在中国史书中出现，最初称“究不事”[①]，后建立扶南王国。扶南原为母系部落集团，后有一徼国的“事鬼神者”混填入主扶南，娶女王柳叶为妻，“遂治其国”，生子分七邑，建立起了父系制度的社会体系和分封制的行政制度。[②]据现有研究成果，“徼国”是位于南印度或马来半岛上的一个深受印度文化影响的古国，“混填”是一个来自印度的婆罗门，抑或来自马来半岛印度化国家的孟人（冯承钧，1962；陈显泗，1990；黑尔兹，1972；卡迪，1988）。混填将印度的政治制度、语言文字、法律、宗教文化等带到扶南，用印度文化来治理扶南，此即所谓“第一次印度化”浪潮。在混填到来之前的扶南，已经盛行万物有灵的自然崇拜和神灵崇拜。虽然东南亚地区的地理环境、文化习俗等与印度有诸多相似之处，使得印度文化易于被东南亚部落居民所接受（卡迪，1988；许云樵，1961；贺圣达 2015），但接受并吸收异文化并非朝夕之事，需要较长时段的历史进程和模式调试。因此，混填的“印度化治理”对扶南的影响较为短暂，盘盘死后，民众推举范蔓为王，说明父子相承的王系传承制度并未完全巩固；到范寻统治时期仍“国法无牢狱”，采用“神判法”治罪，[③]这反映出当时印度化的律法制度并未订立。印度化制度在早期扶南古国的上层建筑中尚且未稳定，由此可以推测，此时高棉人的宗教信仰仍以万物有灵的神灵崇拜为主。

这种情况到了4世纪中期时有所改变，即赛代斯（2008）所谓的“扶南的第二次印度化”。358年之前，扶南有“竺旃檀”称王。[④]“竺”指天竺（即印度），“旃檀”是印度贵霜王朝迦腻色伽王系王号 Chandan 的对音，因此“竺旃檀”或是印度贵族，4世纪中叶到5世纪初在位统治扶南。其后的扶南王憍陈如是一位婆罗门，他再一次用印度的方式统治扶南[⑤]，推行印度的行政、法律制度，引进古跋婆罗字

① 对于史籍中的“究不事”是否确指柬埔寨，学界仍存在不同观点。参见梁志明、李谋、杨保筠（2013）及王同民（1994）。

② 本段史料见于《南齐书》《晋书》《梁书》《通典》《文献通考》《太平御览》等多部古籍。该故事也被认为是“印度传奇中关于婆罗门憍陈如遇龙王的女儿龙女苏摩的扶南改编本”，参见霍尔（1982）。

③ “有罪者，先斋戒三日，乃烧斧极赤，令讼者捧行七步。又以金镮、鸡卵投沸汤中，令探取之，若无实者，手即焦烂，有理者则不。又于城沟中养鳄鱼，门外圈猛兽，有罪者，辄以喂猛兽及鳄鱼，鱼兽不食为无罪，三日乃放之。”见（唐）姚察、姚思廉《梁书》卷五四“诸夷”。

④ “穆帝升平初，复有竺旃檀称王，遣使贡驯象”见（唐）房玄龄《晋书》卷九七“四夷”。

⑤ “复改制度，用天竺法”见（唐）姚察、姚思廉《梁书》卷五四“诸夷”。

母和塞伽历纪年，使得扶南对婆罗门教的信奉尤为广泛[①]，佛教也传播开来。两次“印度化”浪潮使得婆罗门教在扶南得以巩固，虽然此时印度文化的制度和宗教仍囿于国家上层建筑层面，对纳达信仰的影响有限，但这是民间神灵信仰吸收异文化元素的肇始。

到柬埔寨真腊[②]时期，佛教和婆罗门教的影响加深，[③]婆罗门教成为主流宗教，国王对宗教寺庙采取严格的保卫措施，举行隆重的祭祀仪式，宗教生活渗透到日常生活之中（梁志明 等，2013）。东南亚国家早期的社会文化特征之一，是“在受印度文化影响较为强烈的地区，我们常常可以看到一些复杂的模式：外来影响与古代东南亚的本地信仰密切地交织在一起”（塔林，2003）。7 世纪阇耶跋摩一世的统治是最具典型性的神王崇拜（巴沙姆，1999），吴哥遗址更是神王合一的极端例证（Wolters，1982）。神王崇拜的鼎盛，伴随着日益繁复和盛大的宗教礼仪，婆罗门祭司成为王权神授仪式和寺院的主管者，在政治和宗教生活中占据主要地位。神王崇拜的盛行和婆罗门祭司地位的提升，使得印度外来文化在真腊和吴哥从宫廷到村社产生了自上而下的影响（罗杨，2016）。

到 13 世纪周达观出使真腊时，已有部分唐人流寓此地，且在当地人当中有较高的地位。据此推断，此时纳达神灵的祖先、地域内涵与唐人移民信奉的祖先、土神等神灵的职能因存在相通之处而产生了互动与融通。

2 越南南部：高棉人、越人、华人的混居地

如今，纳达信仰仍然保留于越南南部九龙江平原社区，已经成为该地区高棉人、越人、华人共同参与的信仰形式以及印度教、佛教、道教融合共生的精神容器。这种文化现象的衍生与古代越南国土疆域的扩张过程以及越人、华人移居湄公河三角洲的历史有关。

据我国史籍相关记载，古代扶南的疆域大抵相当于今柬埔寨、老挝南部、越南南部和泰国东南部，鼎盛时期其势力影响范围远及马来半岛，其中湄公河下游地区更是由于优越的水利、气候、地势条件而成为扶南的中心区域（陈显泗，1990）。俄厄港[④]

① “俗事天神，天神以铜为像，二面者四手，四面者八手，手各有所持，或小儿，或鸟兽，或日月”显示扶南信奉婆罗门教湿婆神。见（南朝）萧子显《南齐书》卷五八“东南夷”。

② 6 世纪初，扶南逐渐衰落。6 世纪中叶，扶南以北属国真腊崛起。真腊国王伊舍那跋摩于 627 年前后兼并扶南。707—710 年，真腊分裂为水真腊（南）和陆真腊（北）。

③ “多奉佛法，尤信道士，佛及道士并立像于馆”，此处“道士”是指婆罗门神祇，见（唐）魏徵《隋书》卷八二“南蛮”。“国尚佛道及天神，天神为大，佛道次之”见（后晋）刘昫《旧唐书》卷二〇九“南蛮、西南蛮”。

④ 俄厄（Óc Eo）遗址位于越南安江省话山县波栖山脚下，1942—1946 年，路易・马勒海（L. Malleret）陆续对该遗址进行了考古发掘。Óc Eo 来源于高棉语中的 Ou Kaev，原意为“宝石河”，后法国人将其拼写为 Oc-eo。

是当时扶南的重要贸易港口，俄厄遗址中出土的大量宗教性遗物，如林伽柱、湿婆、梵天、毗湿奴像等，是该地原属扶南疆域的考古实证，因为扶南是当时中南半岛势力最强盛且以印度文化治理社会的国家集团，在东南亚贸易网络中具有决定性优势，具备建造数量众多的宗教物品的经济能力。此外，诸多学者已论证，扶南人的通用语言是高棉语，扶南是操早期高棉语的人建立的国家，扶南的主体民族是早期高棉人的一支。[①] 因此，高棉人至晚在扶南时期起就已在今越南南部九龙江三角洲地区生活，可以说是这里的古老居民。

相较于高棉人公元初年就已在湄公河平原生息繁衍的历史而言，越人和华人大批移居此地的时间要晚得多。13 世纪末，元代周达观随使团游历真腊时，已记录彼时唐人因生计和买卖之便流寓真腊的情形。[②] 湄公河三角洲既是海上贸易的出口又是富饶的粮仓，唐人寓居此地确实是合情合理的明智之选。由此看来，华人移居今越南南部一带的时间应当比越人更早。其时，越人建立的古代国家势力范围囿于红河三角洲一带，历朝历代都推行“南进”疆土扩张政策。首当其冲的觊觎目标便是当时位于安南以南、今越南中部至东南部的古代占婆。自前黎朝至末代阮朝，越南最终在与占婆的势力角逐中将后者蚕食殆尽。至后黎朝时，越南在占城之地设广南道，下设三府九县，此后占城又被分割为大占、华英、南蟠三个小国，形同傀儡，均受越南官员监护。16 世纪后，越南南北分裂。17 世纪初，南方阮氏政权在顺化立定基业，继续向占城进攻，于 1611 年在占城之地设富安府。自 17 世纪中叶起，阮主陆续侵占占城版图，设立宁和府、延庆府、平顺府等行政单位，西原南蟠国最后亦被归并。到 17 世纪末，占城地界实际上已由越南南方政权所覆盖和控制。1832 年，阮朝明命帝在平顺镇实行“改土归流”，占人王府不复存在（梁志明 等，2013）。至此，越南版图向南迈进，南进扩张的道路完全打通，富庶的湄公河三角洲暴露在越南疆域的前沿。

在剪除南部屏障的同时，越南自 17 世纪起便开始以王室联姻、干涉内政、扶植傀儡、伪装援助、恩威并施等手段对柬埔寨领土进行渗透和蚕食。1623 年，柬埔寨国王吉·哲塔二世（1618—1628 年在位）为摆脱暹罗的控制，与越南南部阮氏政权结盟，阮主趁机向柬王提出允许越南人在佩戈[③] 地区自由居住和贸易以及设立征税机构的要求。此后，越南移民大批涌入湄公河三角洲。到 17 世纪下半叶，越南势力已囊括占城，对下柬埔寨的军事侵占和移民输入已完全清除陆路障碍，甚

① 关于扶南是孟高棉语族族群所建立的国家的相关研究，参见 Michael（1998）、Cœdès（1966）、何平（2012）。

② “唐人之为水手者，利其国中不著衣裳。且米粮易求，妇女易得，屋室易办，器用易足，买卖易为，往往皆逃逸于彼”“唐人到彼，彼先纳一妇女者，兼亦利其能买卖故也”“往往土人最朴，见唐人颇加敬畏，呼之为佛，见则伏地顶礼。近亦有脱骗欺负唐人，由去人之多故也。”参见周达观（2000）。

③ 佩戈（Prey Nokor），又称“波戈”，后改成西贡，今越南胡志明市地区。

至操控柬埔寨内政，以致出现两王并存的内部分裂局面；[①]继而陆续占据了下柬埔寨的东浦地区（嘉定）、河仙、龙湖（永隆）、定祥（美荻）、昏佩美岛、巴沙、茶荣、鹅贡、新安、寻枫龙（安江）等领土。到柬王乌迭二世当政时期（1758—1775年），整个湄公河三角洲已尽为越南所有。

约17世纪中叶开始，华人向柬埔寨移民的势头从零星分散转向群体性，数量急剧增加。明末清初，一些反清复明人士或抗清失败、复明无望，或不甘受异族统治，或逃避战乱，纷纷流寓海外，南洋以越南、柬埔寨为多（陈显泗，1990）。其中，以莫玖和杨彦迪为首的两批华人移民是早期开发和建设湄公河三角洲的代表性群体。莫玖于辛亥年（1671年）越海南渡，[②]于河仙地带建立了柴末、富国、陇棋、芹渤、淎贪、沥架、哥毛等7个村社。因开发有功，莫玖被柬王委任地方长官"屋牙"一职。18世纪初，在柬埔寨被暹、越肢解的形势下，莫玖于1708年归附越南，被封为河仙镇总兵，其后人继续开发这一地区。已未三十二年（1679年），明广东地方总官兵杨彦迪、陈上川等人南渡至思容（今越南顺化）、沱瀼（今越南岘港），归附越南南方阮氏政权，阮主本担心日后为患不敢收留，但最后想出一计万全之策：越南早已对湄公河三角洲沃野千里的良土垂涎不已，但彼时南方阮氏政权既要与北方郑氏政权对峙，又要侵吞占城领土，对柬埔寨分身乏术，苦于经营，既然杨、陈及其所携兵弁家眷3万余人能够为阮主所用，"不如因彼之力委之阙土以居"，一举三得，届时到手的就不是荒漠之地，而是富庶之区。于是，杨彦迪率部署驻于美荻，陈上川率众驻于同奈，"辟地开荒，构立铺市，商贾交通"（陈显泗，1990）。

综上，17世纪起，越人、华人族群陆续大量涌入湄公河三角洲，与高棉人族群混居，这是早已存在于高棉人精神生活中的纳达信仰与越人、华人的传统信仰发生进一步整合与互动的社会历史文化背景。几个世纪以来的多族群融合与共生，使得今越南南部高棉人社区的纳达信仰因疆域归属改换、主体族群变动与离散、政治意识形态、社会经济发展模式等复杂原因，已经与柬埔寨高棉人的本土纳达信仰有所差别与变化，这是高棉族人的本土信仰既为适应新社会文化形态又为继续保持族群精神文化本色而作出的调试，也是高棉人、越人、华人三大族群的宗教信仰文化整合与互动的结果。

---

① 阮福濒扶持降顺的匿翁秋（吉·哲塔四世）为国王，都乌冬，又封匿翁嫩（安农二世）为"二国王"，都柴棍。史实始末参见陈显泗（1990）。

② 莫玖，史籍多记为"鄚玖"，本文遵照现行简写惯例统一写为"莫玖"。关于莫玖南渡柬埔寨的时间，郑怀德《嘉定通志》记载为康熙十九年（1680年），而武世营《河僊镇协镇鄚氏家谱》记载为辛亥年（1671年），一般以后者为准。相关文献参见陈显泗（1990），梁志明、梁英明（2005）。

3 越南南部纳达信仰的基本情况

越南高棉人目前主要分布于九龙江平原，人口约131万，主要居住于茶荣、朔庄、坚江、安江、芹苴等省市，其中茶荣和朔庄两省的高棉人分布最为密集和广泛。近年来，越南以茶荣大学为代表的西南地区地方院校依托于自身地理优势，愈加重视对当地包括纳达信仰在内的高棉人族群文化的关注和研究①，并强烈呼吁越南政府加大保护力度。一部分越南文化学、民族学学者也陆续深入高棉人社区进行田野调查，取得了很多研究成果。

3.1 纳达的分类

越南南部的纳达又被称为“达公”，主要信奉于高棉人社区或高棉人与越人、华人混居社区。根据影响范围和象征对象的不同，纳达被分为许多种类并冠以不同的名称，如村寨纳达、寺院纳达、码头纳达、山纳达、水纳达、菩提树纳达、森林纳达、榕树纳达、乡主纳达、田野纳达等等。每一个村寨可能有很多个纳达，但地位最高的是乡主纳达。

3.2 纳达的职能

纳达是地域神，也被认为具有保护神、审判神的职能。每个纳达都有其神力所及的范围，为本地及其居民提供庇佑。除每年正式的祭礼外，平时纳达庙比较冷清，但每当发生疾病、动乱，尤其是干旱的时候，村民们就去祭拜纳达，以求平安。此外，村民间产生争执和矛盾的时候会在纳达面前发誓，请求神灵审判，因为纳达是惩罚丑恶的最高力量。有时双方还会在纳达前“杀鸡放血”，以鸡的死活来作为纳达对双方誓言真假对错的审判（陈虞乐，2011），这种审判方式或为古代审判法的遗存。纳达作为地域保护神，还具有保佑村寨风调雨顺、庄稼丰收的职能，祭祀仪式通常伴随着求雨仪式和巫术占卜。求雨仪式通常有两种形式，一种是送船仪式（兼具送瘟和求雨两种功能），另一种是乌鱼求雨仪式。仪式中典型的巫术有“杀牛献祭占卜”，但在越南社会主义共和国成立并开展大规模破除迷信的运动后，该占卜仪式已经不再举行。

此外，在纳达信仰进入自身视野后，越人、华人便不自觉地将纳达与本族群信奉的民间神灵进行比对和匹配，越人、华人认为纳达与土神（土地公）、城隍、财神等道教神灵有相似的职能。土地神的职能是保佑当地百姓平安、土地免受灾害、农作物丰收殷实；城隍的职能是守护城池、护国安邦、统辖亡魂、调和风雨；财神的职能是保佑财源广进、步步高升，其中武财神之一便是关公。这三位道教保护神

① 越南茶荣大学下设南部高棉语言、文化艺术系，专门关注和研究越南高棉族族群文化。

的职能与纳达确实有一定的相似之处，这是纳达信仰能够进入越南南部越人、华人族群的民间信仰视野以及高棉人接纳、吸收三位保护神进入纳达信仰体系的重要原因。在越南南部的纳达信仰空间内，经常出现同时供奉纳达与土地神、财神或关公的场景。

3.3 纳达祭祀仪式

供奉纳达的仪式称为 Tha-la，通常每年举行一次，时间是阴历 3—4 月的雨季初期。传统仪式要持续 2—3 天。仪式举行前 10 天左右，村寨代表要挨家挨户通报仪式时间，动员村民捐献物品。仪式要按一定的仪轨和程序进行，但各地并不完全相同。下文以越南学者陈善天青（2022）整理的茶荣省州城县梁和乡巴色二屯的纳达仪式为例予以说明。

仪式第一天，本屯村民以及周边有意参加仪式的村民在纳达庙集合并进行准备工作。委员会安排 10 名青年同部分有经验的长者做船，其他人清扫、装饰、搭建凉棚以及准备祭礼所需的食物。船造好后，委员会负责点香，将盐、米、香蕉、钱币、冥纸等供品放入船内，再放置于供桌前。陈善天认为，这个习俗可能是受到越人、华人“送瘟神”习俗的影响，因为过去高棉族人并没有烧冥纸的习惯。然后，为纳达沐浴、更衣，纳达的衣物即一块红布，这也被认为是受到了华人文化的影响。祭祀的供品有水果、饭、米、盐、酒以及水煮猪头等物。下午 4 点各家、个人以及仪式委员会举行向纳达上供的仪式。接下来是最重要的环节——清理和摆放供佛的供桌。供桌通常是在纳达神像的右边，供品有香、茶水、水果以及 9 束花（每束 7 株万寿菊），此外还有一碗为南传佛教的高棉僧人进行仪式而准备的香水。在供桌的左前方，还需多准备一个为北传佛教的京族僧人举行仪式的供桌。佛事完毕后，民众在供桌前举行歌舞仪式。

第二天上午，南传佛教的高棉僧人在用餐完毕后继续进行仪式，仪式的内容是僧人为亡灵和死亡的战士诵经超度。超度完毕后，众人将船放上车，准备送船仪式。送船之前，整个队伍要围绕纳达庙逆时针转 3 圈，然后回到最初的位置。道路两边的居民都会摆立供桌，燃烧米盐，再将米盐甩走，寓意送走霉运。队伍游行结束后，便将船放入江中送行。陈善天青（2022）认为，将供奉孤魂和送瘟的船放入江中的仪式可能是源于佛教的宇宙观，即在铁围山脚下的地狱被浩瀚的七层香海所包围着。

4 越南南部纳达信仰中的族群整合与互动

4.1 名称演变：从纳达到达公

与西方学者和柬埔寨学者不同，越南学者认为，Neak 有知识渊博和社区威信的含义，Ta 则是指年纪大的男性，或者，Neak 概指人类，Ta 指中年男性。这些论断反映出，Neak Ta 原本包含的“地域的”这一意义似乎已经被剥离，而“地域的”这一意义其实正是 Neak Ta 作为族群村落地域保护神的语义来源。虽然各种观点对 Neak 含义的解释有所差别，但“知识渊博”“社区威信”“人类”实际上都是指向“祖先的”这个意义——祖先具有渊博的知识和社区威信。Ta 则被较为一致地认为指男性，表明祖先被默认是男性。因此，Neak Ta 的内涵在越南南部信仰体系的语境中被缩小了，更加明确地指向“男性祖先”。至于“地域的”含义的剥落，笔者推断，或许与高棉人长期居住的湄公河三角洲被其他族群所逐渐挤压、填充乃至占据有关——高棉人已经在事实上失去对该地域的政治占领和大部分生活空间。纳达的国家地域保护力被削弱，对国家疆域的保护力又正是纳达对高棉人“地域”保护的最大范围、最高力量的体现，这种最高保护力量的丧失是“地域的”含义逐渐被剥除或遗落的主要原因。

接下来便是从“纳达”到“达公”的名称演变。需要说明的是，这两种名称之间并不是前后替换关系，它们并存于不同族群的语境之中。纳达本不是越人、华人的民间信仰，但进入越南语的语言体系后却产生了属于它的特有词汇，这个名称是越人按照其本族语言的特点所创造的。“公”在越南语中有祖父或爷爷、老翁、先生等词义（蔡杰 等，2017），除了用于尊称现实生活中的男性长辈外，越南人还用“公”来称呼各种男性神祇，以表敬畏，如土地公、财神公（爷）等。“公”是汉越词[①]，来源于汉语中的“翁”，“翁”的意思就是年老的男子或父亲（中国社会科学院语言研究所词典编辑室，2016）。“翁”这个称谓的产生，是华、越人族群的交往与互动在语言上的证据体现。越人使用“公”这个民族语言中对男性长辈的尊称来代替 Neak，与上文提到的 Neak 指代“有知识和威信的祖先”的意义不谋而合——祖父或爷爷、老翁、先生是在世的祖先或有知识和威信的人。越人没有直接用越南语的拼音方法来拼读 Neak Ta，反而选择一个越南语词汇来尊称高棉族人的神灵，这意味着纳达进入了越人的知识体系和精神意识。越南华人也使用越南语，从这一点上看，“达公”可以说是越、华两个族群对 Neak Ta 的共同命名。从“纳达”到“达公”的名称演变，是越人、华人族群参与、接纳、整合、内化纳达信仰的结果。

4.2 仪式参与者：多元族群与宗教成分

在非仪式期间，祭拜纳达的人多为其保护力所及社区范围内的居民，他们可以是高棉人，也可以是越人、华人，可以在任何有需要的时候去祭拜纳达。

每年雨季前夕举行纳达祭祀仪式时，活动参与者的身份和角色则更加丰富。社

① 汉越词是现代越南语语言系统中由汉语引申而来的汉根词和汉源词的总称。

区居民是配合者和执行者，他们负责准备仪式需要的各种物品、供品，按照仪轨规则执行仪式，是神灵的信奉者。除了这些高棉人、越人、华人的居民外，还有作为宗教者的阿加和僧侣参与纳达祭祀仪式，他们的角色是仪式的组织者、主持人以及加持者，他们以其特殊的导师和宗教身份去践行仪轨程序，从而使仪式合乎规范礼仪，并赋予仪式宗教意义。

阿加（Acha）对高棉人的一生以及高棉人的社区具有非常重要的意义。阿加在高棉语中的意思是人生仪式的导师。他们教授教律，做正确的事，带给社会益处（阮氏秋香，2006）。在柬埔寨著名和尚文·迥南（Ven Chuon Nath）编纂的柬埔寨语词典里，阿加的意思是：教别人做好事、走正道的人（罗杨，2016）。阿加在高棉人社区中有很高的威信，是道德、生活的模范，掌握各种仪轨的程序和禁忌，深谙佛法经典，精通高棉文化的各种习俗。更重要的是，阿加是高棉人一生之中所有重要仪式的主持和代表，如生产礼、出家礼、成年礼、婚礼、寿礼、丧礼等。阿加需要到寺院出家"进修"，还俗之后在高棉人村寨中更加有威望，他们通常会加入社区的寺院管理委员会，继续参与管理和保护高棉人风俗习惯和宗教信仰的事务。阿加正是通过道德教律、风俗习惯、宗教信仰、仪式规程去继承、实践、保护高棉人族群的精神文化内核（阮氏秋香，2006）。罗杨（2016）通过对柬埔寨村民关于阿加起源问题的访谈揭示出阿加与婆罗门祭司的纵向关系以及与佛教的横向关系的结构性关联：他们是从宫廷流出到民间的婆罗门祭司，是贯通宫廷和村野的人物；他们具备既在佛教之外又在其内的双重性。在供奉纳达的仪式中，阿加这种同时存在于佛教内外的双重性身份使其既作为仪式的主持者，又成为贯通信奉者与佛僧的中介。

除了阿加以外，僧人也是纳达祭祀仪式中的重要人物。如果说阿加是仪式规程的"老师"，那么僧人则是为仪式加持宗教意义的力量来源。参与纳达祭祀仪式的僧人有小乘佛教的，也有大乘佛教的（以小乘佛教的僧人居多）（陈善天青，2022）。僧人在仪式的多个环节中诵经、说法，这是为了祈愿平安或超度。僧人的位置始终在最前端和最高处，只有在最后上供时，僧人才让位于阿加（林光荣，2015）。

根据身份和角色可以将仪式的参与者划分为三类：作为祭拜者和供奉者的高棉人、越人、华人居民；作为仪式主持者和仪轨"老师"的阿加；作为宗教神力加持者的僧人。通过这样的划分，我们可以看到：祭拜者和供奉者的族群身份标志是显性的，他们通过共同参与仪式以及在仪式中无差别的合作实现多元族群的互动；仪式主持者和神力加持者的族群身份被淡化，礼仪和宗教的身份标志被凸显，他们通过在仪式中各司其职的角色弥合佛教、印度教与民间信仰之间的区隔——也正是因为这种包容性的弥合，才使得纳达信仰得以成为多元族群、宗教成分整合与互动的容器。

4.3 传说与阐释：整合与互动的合理叙事

多元族群参与了纳达信仰，衍生出了更为丰富的纳达传说。这些传说带有非现实色彩与丰富的想象力，虽未可尽信，但是其中的故事情节是我们解构隐含叙事逻辑的重要线索。以下是几个较有代表性的纳达传说。

首先，是关于纳达起源的故事。第一则传说来源于新大屯[①]的55岁村民曾本[②]，他是号召村民捐款修建纳达庙以及组织仪式的带头人。据他叙述：在很久之前，有两位妻子终日互相仇恨，于是她们共同的丈夫分别给两人各自划分了一方地，两地遥望相对，互不交涉，两位妻子死后很灵验，因而被村民奉为纳达（Anon，2023）。

第二则传说由一位24岁的京族村民阿有收集而来，他是新大屯一座纳达庙的管理人的儿子。据他叙述：早前高棉人和越南人刚移居此地的时候，这里还是一片荒芜，敌寇大批路过时抢夺财产、杀害高棉人和越南人，达公见状便犹如一位大将一样驱逐敌寇，保护族人。后来，达公与敌寇达成协议，只要敌寇不再伤害此地同胞，他甘愿被敌寇杀死。于是，敌寇用水椰的叶鞘将达公砍碎。最后，达公的肉体被粉碎成无数石块，人们为了纪念达公的恩德将石块拿来供奉（Anon，2023）。

第一个传说反映出外来宗教影响到来前，原始社会的纳达可能带有母性崇拜的色彩。第二个传说是高棉人和越南人两个族群基于共同的战争经历而建构的近现代叙事版本，反映出在社会混乱的背景下，各族群民众更加需要纳达作为精神依靠，同时也合理地阐释出了其他族群进入纳达信仰并产生互动关系的动因逻辑。

其次，是关于达公与土地公之争的故事。传说很久之前，达公就受到尊崇，但自从村民们开始在家中供奉土地公后，很多供品都改归土地公所有，纳达遭到冷落，而且被请到了树根下、田野边、院子角落等冷清的地点，于是纳达只好请求一位神灵来裁决。这位神灵最后的裁决如下：土地公终日勤勉，为护佑村民而操劳，因此受到敬重；而达公喜欢游荡于山水间，很少与乡邻亲近，受到村民忽视也情有可原。达公和土地公接受裁决并言和，从此按照一定的分工各司其职：土地公管家，达公管田（Út Tẻo，2014；陈虞乐，2011）。

另一则相似的传说来源于效忠乡富寿屯一位77岁的村民思仙，[③]他曾在寺院修行十三年后还俗娶妻，年迈后又与妻子继续居家修行。据他叙述：早在佛祖出现之前约二百余年，有两位男性神灵，一位来自天上，另一位来自地下。二神互相仇视，难以化解，直到佛祖出现。佛祖感化了两位水火不容的神灵，使他们一起帮助

① 原文仅提及至新大屯一地名，据笔者查证，该处可能是越南南部茶荣省小芹县孝子乡新大屯。

② 该村民姓名为音译，经查证原名无对应字义，应为少数民族的名字，根据姓名推断该村民可能为高棉族人或者高棉族与越族或华族混血族人。

③ 该村民的姓名为音译，原姓可对应为“司”“胥”“思”等汉字，在越南人的姓氏当中几乎不见，结合该村民曾长期在寺院出家修行的经历，笔者判断该姓名应为其出家时的法号，因此译为“思仙”。

人们耕田。地上的神灵与人民很亲近，懂得农耕，并向人们传授种植水稻的方法；天上的神灵则为人们带来降雨，使庄稼丰收。地上的神灵受到敬重，人们为他修建庙宇，他就是如今的纳达（Anon，2023）。

以上两则传说故事的情节主线都是围绕着纳达与另一位神灵的地位之争。第一个故事反映出土地神在“文明之地”的村庄地位更高，纳达则徘徊于文明与野蛮之间的边缘地带——田地。第二个故事未说明两位神灵最终地位的高低，但凸显出了纳达的“文明知识”——种植水稻的技术；纳达在这个叙事版本中成为带领本地居民从采集狩猎的游牧社会到进入文明的农耕社会的关键人物，这又与纳达“祖先”的特质不谋而合。此外，很有意思的一点是，这两则传说都引入了具有更高力量的“第三者”：第二则故事明确说明了这位具有调和二神矛盾的“第三者神灵”即佛祖，即使二神在佛祖出现之前早已存在；第一则故事中虽然没有说明这位拥有最高裁决权的神灵是谁，但可能也是佛祖。这样的叙事逻辑与前文提到的，佛教僧侣在纳达祭祀仪式中充当的最具有宗教意义的加持者角色是吻合的。

4.4 石头与神像：化身和偶像的合并与并存

高棉人通常以石头来作为纳达的化身，有时只有一块石头，有时是一块较大的石头周围围聚着几个小石块。当地有些村民认为大的石头是纳达，而周围的小石头则是纳达收归从善的魔鬼（Nguyễn Minh，2018）。因此，祭拜纳达有时也叫“祭石”，纳达也被称为“石神”，但从文献资料来看，“石神”的称法似乎更多见于越人和华人，而且“石神”的牌位是用汉字书写的。在一些地方，村民们用布将石头覆盖住，他们认为那是纳达的衣物，只有仪式时才可以被揭开。代表纳达的是类似椭圆形物的自然形态石头，而非人为塑造的，石头的表面光滑、质地坚硬。[①] 一些高棉族僧人认为，这样的石头体现出纳达纯洁、简朴、自然、洁净、强壮的特质，只有这样才能庇护、保佑村寨的居民（Hoàng Tuấn，2016）。有些地方的民众说，纳达石头每年都会自行长大几厘米，这是神灵施恩的吉兆（陈善天青，2022）。

对于“以石代神”祭祀纳达的原因，目前学术界并未达成共识，暂且置而不论。但除“以石代神”之外，还有不少“塑像为神”祭祀纳达的现象，即从抽象化的实物崇拜演变为具象化的偶像崇拜。据笔者目前收集的资料来看，典型的具象化纳达神像主要是慈眉善目的老翁形象。这些老翁常手持棍棒，手捧擂钵舂药，面宽耳肥。这类神像多出现于茶荣省缘海县龙有乡、茶句县含江乡、州城县合利乡归农一屯和归农二屯等地，这种形象使人很容易联想到土地公等道教神灵，实际上，很

① 据笔者搜集的“纳达”石头图片来看，并非所有石头都完全符合这些条件，甚至一些“纳达”石头非常粗糙、形状怪异、大小无差。依笔者判断，因城市化和新农村建设，导致自然环境下能搜集到符合条件的石头数量越来越少，难以满足供奉数量众多的“纳达”的需求，是退而求其次的选择。

多越人、华人确实认为纳达与土地公有相似的职能。

除了“以像代石”外，有时在纳达庙里也会同时供奉石头纳达和土地公，即纳达实物和土地公造像并存，有些地方的纳达庙里还同时供奉关公的画像。最有特点的一处是茶荣省州城县梁和乡凹婆池的纳达庙：过去该庙宇内同时供奉三位神灵——纳达、黑婆和白婆。据越南学者分析，越南南部供奉的黑婆可能与印度的马里安曼女神[①]有密切的历史关系（阮青利，2018），至于该庙内原先供奉的白婆是否与白度母[②]有关，尚未见到相关的讨论文献，存疑待考。2000年后，茶荣省博物馆重修该庙，原先的纳达画像改为现在的老翁式立体神像，并且不再供奉黑婆和白婆，改为本地掘池有功的凹婆，背景是四位女僧站立朝拜纳达的画像（Cittasamādhi，2013）。

越南学界有观点认为，纳达的化身从抽象（石头）向具象（神像）的演化过程体现出当地高棉人思维观念的转变，表明纳达在高棉人认知中已不再是一位“泛神”，而是具有了符合不同地方民众想象的具体相貌（林光荣，2015）。

从以上较有代表性的纳达神像中，可以发现多种宗教文化元素（佛教、道教、印度教）的共存和融通，这些元素又分别代表了当地不同族群的精神文化。对于上述认为纳达从“以石代神”到“以像为神”的转变代表了高棉人对纳达形象认知变化的观点，笔者不完全认同。不同族群对纳达化身的想象以及纳达形象的重塑其实是各族群宗教信仰特点和精神思维的再现。纳达是高棉人万物有灵信仰的延续，从分类来看，纳达在高棉人认知中仍然是一位可以寓居于各种显灵之处的“泛神”，“以石代神”的方式符合高棉人对万物有灵神灵的认知：因为万物皆有灵、万物皆可为纳达之灵，所以纳达才不能以具体偶像的形象现世。另一方面，纳达神像的出现，又满足了越人、华人的偶像崇拜的精神思维习惯，在越人、华人的主要宗教信仰（佛、儒、道）里很少有非偶像神灵。因此，纳达“以像为神”或多神共祀情形的出现，实际上是各自满足了三个族群的不同需要，或合二为一，或共处一室。越人、华人重塑的纳达形象进入原本只属于高棉人的信仰空间，信仰空间呈现出了接纳其他族群信仰文化的开放姿态。通过纳达化身与偶像的合并或并存，高棉人、越人、华人在该信仰体系内部实现了神灵观念的整合、融合与互动。

4.5 信仰空间：交错的安住之处

纳达庙被称为 Sala，用竹、叶或铁皮、砖瓦搭建而成，规模和面积通常都较小，简陋但干净，稍大的庙类似凉亭或高脚屋，常位于古树下、村寨中心或乡村道

① 马里安曼是流行于南印度泰米尔纳德邦、卡纳塔克邦及安得拉邦等地司雨水的印度教女神，发源自原德拉威族的信仰，亦有一说她与女神雪山神女及难近母有很深的关联性。

② 白度母，又称增寿救度佛母，是观世音菩萨的化身之一。

路的岔口。关于纳达庙常被设立于道路岔口的原因，有观点认为，过去乡村河流众多、支流网布，水路是重要的交通方式，纳达常被置于河流岔口处是为保佑路途顺利，后来由于城市化建设，乡村许多河流被填平，以道路取代，但将纳达供在岔口处的习惯依然被保留了下来（Hoàng Tuấn，2016）。

除了乡野或偏远之地以外，有些纳达还进入了私人庭院或佛教寺院。被请入私人家庭中的纳达，有些放置在院落的一角，通常用砖块或铁皮搭建一处迷你的纳达庙（林光荣，2012），有些则被放置在卧室的床角处，这个地方是整个卧室最黑暗的角落（Nguyễn Minh，2018）。被请入佛教寺院的纳达，通常不会进入佛殿内，而是置于寺院角落，面朝东北（Anon，2023）。僧人生病时也会祭拜纳达（陈虞乐，2011）。纳达进入寺院，民间神灵信仰与佛教的宗教空间产生了交错。

除了空间位置上的交错位移，在纳达的祭祀空间内，还经常可以看到越人、华人的文化元素被涵容其间的情形，而且，香火越旺的纳达庙中杂糅的族群宗教信仰文化元素似乎越复杂和丰富。一个是上文所提及的，佛教、道教神祇以平面画像或立体神像进入纳达信仰空间，与纳达同级或者高于纳达，佛教、道教的神祇成为纳达信仰空间内的共神或主神。反之，在纳达进入佛寺空间时，不得登门入殿，只能放置在属于宗教空间但又不属于祭祀空间的边缘角落。另一个是纳达庙内出现佛教、道教以及越人、华人的宗教物品和文字元素，如盖在纳达石头或神像上的红布、神台前摆放的香坛、用汉字书写的牌位和对联、用越文书写的占卜书、供品中出现的肉类和酒类等。

可以看到，不论是在纳达信仰空间还是佛教信仰空间都发生了多族群宗教信仰文化的交错，这种交错在纳达信仰空间内要更加明显和复杂。一方面，佛教本来就是高棉人、越人、华人共同信仰的宗教形式（高棉人信奉上座部佛教为主，越人、华人信奉大乘佛教为主），而且佛教的宗教体系和仪轨规程已经十分稳固，其他宗教信仰元素很难进入；另一方面，纳达属于民间神灵信仰，它的知识体系较为开放、松散、包容，除高棉人外的其他族群在进入纳达信仰空间时基本上不受限制，纳达也因此得以在其他族群的信仰空间、生活空间内发生流动。

5 结语

纳达是源自东南亚古代高棉人万物有灵观念的民间神灵信仰，在外来文化进入东南亚以前就已经存在于高棉人的精神世界之中，纳达的产生基于古代高棉人对自然万物的理解与认知。随着印度文化在东南亚地区的传播，尤其是古老而繁荣的吴哥王朝将其作为国家统治的上层建筑以后，民间纳达信仰吸收了印度教的仪轨和知识；随着华人移民的陆续到来，祖先信仰、土地神信仰等华人传统民间信仰的形式与内涵又继续被整编入纳达信仰的体系之中，加深了对纳达神灵特质的丰富刻画，形成了纳达信仰的基本形态。

但纳达信仰的这种基本形态由于历史和社会原因而发生了裂变。原本属于古代柬埔寨的湄公河三角洲一带地域改变了其政治统治归属和上层意识形态（从古代宗教社会到现代社会主义社会），越人和华人大批涌入，高棉人以印度教、上座部佛教为核心的传统文化受到大乘佛教和道教等越、华族群精神文化的冲击和浸染。纳达信仰继而成为该地区高棉人、越人、华人族群多元精神文化实现整合与互动的开放容器，从而衍生出了与今柬埔寨本土纳达信仰有所差别的新形态。

越南南部的高棉人、越人、华人三大族群文化以及他们所曾经信仰或仍在信仰的印度教、佛教、道教等宗教信仰元素如同异彩纷呈的彩色线条，它们随着历史变迁、人口流动以及精神观念的互动而被不断交织、再交织，继而形成缠绕着多元文化成分的绳索，最终编织成为越南南部纳达信仰的丰富网络世界。这种马赛克式族群、宗教信仰文化的整合与互动模式，正是东南亚世界文化多样性归合于同一性、同一性含括多样性特征的典型写照。

参考文献

巴沙姆，1999. 印度文化史 [M]. 北京：商务印书馆 .

蔡杰，祁广谋，2017. 实用越汉汉越词典 [M]. 南宁：广西教育出版社 .

陈善天青，2022. 巴色二屯居民的纳达信仰的变化 [EB/OL]. [2023-09-25]. https://vhnt.org.vn/bien-doi-tin-nguong-tho-neak-ta-cua-cu-dan-ap-ba-se-b/.

陈显泗，1990. 柬埔寨两千年史 [M]. 郑州：中州古籍出版社 .

陈虞乐，2011. 九龙江平原高棉人的“达公”信仰 [EB/OL]. [2023-09-25]. https://baocantho.com.vn/tin-nguong-tho-ong-ta-cua-nguoi-khmer-o-dong-bang-song-cuu-long-a20628.html.

冯承钧，1962. 西域南海史地考证译丛（一编）[M]. 北京：商务出版社 .

何平，2012. 东南亚民族史 [M]. 昆明：云南大学出版社

贺圣达，2015. 东南亚历史重大问题研究——东南亚历史和社会文化：从原始社会到 19 世纪初（上册）[M]. 昆明：云南人民出版社 .

黑尔兹，1972. 柬埔寨简史 [M]. 福州：福建人民出版社 .

霍尔，1982. 东南亚史 [M]. 北京：商务印书馆 .

卡迪，1988. 东南亚历史发展 [M]. 上海：上海译文出版社 .

梁志明，李谋，杨保筠，2013. 东南亚古代史：上古至 16 世纪初 [M]. 北京：北京大学出版社 .

梁志明，梁英明，2005. 东南亚近现代史（上册）[M]. 北京：昆仑出版社 .

林光荣，2012. 茶荣高棉人社区中的纳达信仰：今昔 [R]. 茶荣大学校级科研项目总结报告 .

林光荣，2015. 茶省高棉人社区的纳达信仰 [EB/OL]. [2023-09-25]. https://lrc.tvu.edu.vn/index.php/van-hoa-nghe-thuat-phong-tuc/1083-tin-ngu-ng-th-neak- ta-trong-c-ng-d-ng-ngu-i-khmer-t-nh-tra-vinh.html.

罗杨，2013. 柬埔寨华人的土地和祖灵信仰——从“关系主义”人类学视角的考察 [J]. 华侨华人历史研究（1）：63-64.

罗杨，2016. 他邦的文明：柬埔寨吴哥的知识、王权与宗教生活 [M]. 北京：北京联合出版社 .

阮青利，2018. 西宁黑婆祭祀考 [J]. 宗教研究：87-100.

阮氏秋香，2006. 阿加：南部高棉人人生仪式中的重要因素 [J]. 茶荣大学科学杂志（24）：24-30.
赛代斯，2008. 东南亚的印度化国家 [M]. 北京：商务印书馆 .
塔林，2003. 剑桥东南亚史 I [M]. 昆明：云南人民出版社 .
王同民，1994. 东南亚史纲 [M]. 昆明：云南大学出版社 .
许云樵，1961. 南洋史 [M]. 新加坡：新加坡星洲世界书局 .
中国社会科学院语言研究所词典编辑室，2016. 现代汉语词典（第 7 版）[M]. 北京：商务印书馆 .
钟楠，2014. 柬埔寨的涅达神信仰 [J]. 东南亚纵横（12）：69-74.
周达观，2000. 真腊风土记校注 [M]. 北京：中华书局 .
Anon, 2023. Su tich ong ta nek ta cua nguoi khmer-Nam bo[EB/OL]. [2023-09-25]. http://truyenxuatichcu.com/than-thoai-viet-nam/su-tich-ong-ta-nek-ta-cua-nguoi-khmer-nam-bo.html.
CŒDÈS G, 1966. The making of Southeast Asia[M]. London: Routledge and Kegan Paul.
CHANDLER D, IAN M, 1995. The Khmers[M]. Oxford: Blackwell.
CITTASAMĀDHI J S, 2013. Tín ngưỡng thờ Neakta của dân tộc Khmer Nam bộ[EB/OL]. [2023-09-25]. https://www.budsas.asia/2013/02/tin-nguong-tho-neakta-cua-dan-toc-khmer.html.
HOÀNG Tuấn, 2016. Tín ngưỡng thờ Neak Tà trong đời sống văn hóa của người Khmer ở Trà Vinh[EB/OL]. [2023-09-25]. http://thegioidisan.vn/vi/tin-nguong-tho-neak-ta-trong-doi-song-van-hoa-cua-nguoi-khmer-o-tra-vinh.html.
MICHAEL V, 1998. Society, economics, and politics in Pre-Angkor Cambodia: the 7th-8th century[M]. Japan: The Toyo Bunko.
NGUYỄN Minh, 2018. Huyền bí Neak Tà Nam bộ[EB/OL]. [2023-09-25]. https://www.bienphong.com.vn/huyen-bi-neak-ta-nam-bo-post264376.html.
ÚT Tẻo, 2014. Huyền bí "quyền uy" của Neak Tà[EB/OL]. [2023-09-25]. https://danviet.vn/huyen-bi-quyen-uy-cua-neak-ta-7777436195.htm.
WOLTERS O W, 1982. History, culture, and religion in Southeast Asian perspectives[M]. Singapore: Institute of Southeast Asia Studies.

作者简介

陶文文：北京外国语大学亚洲学院讲师、博士研究生。主要研究领域：东南亚历史与社会文化。电子邮箱：taowenwen@bfsu.edu.cn。

原型批评视域下的老挝《葫芦生人》神话解读

姜雅桐　李子茉

摘　要：老挝《葫芦生人》神话是该国先民对人类起源的想象之一。运用荣格原型批评视角分析该神话，可揭示其集体无意识原型，提供观察和理解老挝文化与社会结构的独特视角。《葫芦生人》中，“天”“我”共存、“自我”膨胀、接受审判、“我”的觉醒及建立秩序等心理原型，是个体于“我”的意识表现，亦是人类心理发展的一般经历。该神话不仅是老挝早期社会结构、原始崇拜、工农业发展等的镜像写照，也体现出老挝文化与全球其他文化的相似之处。深入探讨和理解这些原型，能够更好地洞察人类行为动机，寻求跨文化共鸣，为未来的行动和决策提供指导，促进不同民族文化的对话与理解，为构建包容和谐的全球社会提供精神支撑。

关键词：原型批评；老挝；《葫芦生人》；神话

The Myth of Laos' "*Gourd-born Man*" from the Perspective of Archetypal Criticism

Jiang Yatong and Li Zimo

Abstract: The myth of Laos' "*Gourd-born Man*" represents one of the ancestral imaginations regarding human origins. By employing Jung's archetypal criticism perspective to analyze this myth, we can uncover its collective unconscious archetypes and gain a unique perspective to observe and understand Lao culture and societal structure. In "*Gourd-born Man*", psychological archetypes such as the coexistence of "heaven" and "self", the inflation of the "self", the acceptance of judgment, the awakening of "self"-awareness and the establishment of order manifest individual consciousness of "self", while also reflect universal experiences in human psychological growth. This myth serves not only a mirror image depicting early Lao social structures, primitive worship practices, and industrial-agricultural advancements, but also highlights similarities between Lao culture and numerous other cultures in the world. A deeper exploration and understanding of these archetypes can provide better insights into human behavioral motivations. It facilitates cross-cultural resonance that guides future actions and decision-making while promoting dialogue among diverse ethnic groups. Ultimately, it offers spiritual support essential for constructing an inclusive and harmonious global society.

Keywords: Archetypal criticism; Laos; *Gourd-born Man*; myth

神话作为人类精神活动的产物，构筑了人与人、人与自然及人与社会间的深层联系与互动（杜晨曦，2024）。神话不仅是先民对世界万物的阐释，还是其对文化创造的歌颂，至今都在认识社会、理解自然和保护文化等方面发挥突出作用（ຄຳຜຸຍ ໂພທິສານ，2000）。《葫芦生人》作为老挝代表性民间神话，既折射了老挝人民在社会经济发展进程中的生活状态，又与老挝先民的活动及流传至今的习俗、信仰紧密相关，蕴藏了老挝先民朴素的社会观。

荣格（Carl Gustav Jung，1875—1961）将神话视为集体无意识原型的具象化，认为神话是人类共通的精神遗产（ຄຳຜຸຍ ໂພທິສານ，2000），能反映人类共同心理结构。《葫芦生人》中的意象象征生命的起源、再生与成长，反映出老挝先民对自然和生命的敬畏与感激，也体现了其对社会和谐与持续发展的追求。运用荣格的神话理论揭示该神话的内在心理原型，探究其内在意义，有助于理解老挝文化及其集体无意识根源。

1　葫芦神话的文化与心理分析

葫芦文化是老挝传统文化和民俗文化的重要组成部分。在神话语境中，葫芦是具有世界性的核心意象之一。既有研究已对葫芦在农耕文化方面的意义进行了深入研究。学者们普遍认为，葫芦作为早期农耕社会的关键作物（霍志刚，2019），不仅在食用和药用方面具有显著价值，还因其天然的容器特性，成为储藏种子的理想工具（杨云燕，2012）。生物学研究进一步指出，在华夏民族活动区域，葫芦是唯一被广泛用作盛器的植物（刘庆芳，1994），这在农业文明的早期尤为重要。在生产力和生产方式相对原始的时期，葫芦的多功能性为先民从游猎社会向农耕社会的转变提供了重要的物质基础，成为农耕生产的关键保障（杨云燕，2012）。这些研究成果不仅丰富了学界对葫芦在原始社会生活中多重角色的认识，而且为理解葫芦在神话传说中所承载的象征意义提供了宝贵的文化背景。通过这些学术探索，人们能够更深刻地理解葫芦在人类文明发展史上的重要地位，以及其在文化传承和神话构建中的深远影响。

关于葫芦在生殖文化方面的意义，既有成果将“葫芦”意象与母体紧密联系，认为葫芦腹大多籽，生殖力强，外形与女性乳房、子宫和孕期女性的身型均有相似之处，是人类生存意识、繁衍意识的载体。赵会莉（2013）、胡继宁（2016）等学者都认为，葫芦崇拜也就是对母体的崇拜。罗宏杰（2001）从符号生成学的角度，对"葫芦"意象从人类繁衍本能出发生成形象符号，继而产生行为符号和语言符号的过程进行了解释。

中国国内的葫芦神话研究早在20世纪90年代就已出现，主要聚焦于讨论西南民族地区葫芦神话的产生、流变、分类和内涵。黎莉（2007；2008）比较了中国壮族与老挝佬泰族群民族神话故事中的民族特色，并对其异同及形成原因进行了分析。国外关于葫芦神话的研究资料比较鲜见，研究角度差异较大。宋玉文（Seo Yoo-won，2009）讨论了葫芦在洪水神话和创世神话中的核心地位，以及神话从简单趋于复杂多样的发展过程。宋上光（2001）主要围绕蒙古和朝鲜民族故事内容进行比较，对"葫芦和富人"进行口头演绎分析，探讨了在蒙古文化影响下阿尔泰文化圈中各国文学的特征。

部分学者也尝试运用荣格理论进行神话分析。从理论方法看，荣格神话原型批评理论是神话研究经典视域。荣格认为潜意识，即"个人无意识"和"集体无意识"在人的心理活动中具有至关重要的作用。"集体无意识"是内容原型，是一般人类的心理模式，并由此在人类早期神话传说及梦境中展示为各种意象（张迪，2023），以神话母题形式不断重现（胡苏晓，1989）。郑腾尧（2019）运用原型批评方法，解读了葫芦的神话原型和文化意义。他认为，葫芦因其形似女性子宫，受天地神婚原型和祖先崇拜观念的共同影响，频繁出现在婚礼仪式的各个环节中，象征着人们对子孙绵延的祈望，葫芦还是洪水神话和创世神话原型中不可或缺的元素，关乎民族的创生和二次创生。陈永香、樊英（2005）运用荣格原型理论对彝族史诗《梅葛》进行了探讨，认为其中葫芦是母体崇拜原型的体现，而洪水是通过原型，"应用于广泛存在于各民族中的成年礼"。石子萱（2023）从"集体无意识"及"原型"视角分析洪水神话，剖析了"人类自我意识的产生、膨胀、受挫及调和的心理认知发展过程之原型投射"。荣格神话原型批评理论为理解人类文化中的共同心理结构和象征提供了有力工具，有助于揭示个体心理的潜意识内容，理解不同文化和民族之间的共性和联系。

总体来说，中国国内葫芦神话研究并不鲜见，荣格理论也被运用到一些探究之中，但研究对象主要为中国神话传说，缺少对老挝葫芦神话的研究。本文尝试借鉴既有研究成果，通过运用荣格原型批评理论，对老挝《葫芦生人》神话进行分析，揭示其在文化、社会结构、历史发展及心理发展等维度的深层意涵，并结合老挝历史背景，系统分析神话中的心理原型，以期提供解读老挝文化与社会结构的新视角。

2 葫芦神话母题阐释与老挝早期葫芦神话——《葫芦生人》

神话母题是在不同文化、地区和时间段中反复出现的相似元素符号（向志敏，2024）。广泛见于世界各民族神话文学的母题反映全人类的集体无意识，只见于一个民族文学的母题表现的就是该民族的价值取向和民族性格（张迪，2023）。葫芦作为普遍出现在多个民族和文化中的神话母题，贯穿于我国的汉族、彝族、白族、苗族、哈尼族、布依族等数十个民族（刘尧汉，1983），以及亚洲的越南和印度、美洲的台诺民族和非洲一些地区的传统文化中（郭立颖，2010）。葫芦神话中，葫芦多象征宇宙之始和生命之源，映射出人类对存在之谜、生命之根以及宇宙秩序的深层次追求与幻想。葫芦神话多以讲述民族历史的形式自远古口头流传至今，包含远古时代的生活与思维方式（刘素琴，1993）。对于葫芦这一跨文化母题，各民族表达方式虽有不同，但表达内容均围绕对存在的探索和对生活的期许，体现了人类在精神和认知上的共通性。

老挝葫芦神话丰富，其文化意蕴与功能同上述国家和地区的葫芦神话大体相同，大多在神话中扮演着双重角色：一是作为创造生命的工具，象征诞生和繁衍；一是作为灾难降临时的庇护所，象征安全与救赎。如在洪水肆虐时，人类会藏身葫芦中幸免于难。老挝《葫芦生人》神话与上述类型神话存在差异，以独特方式展现了民族起源及其与自然和神明的联系。在该神话中，葫芦的功能并非救赎，而是重生。

《葫芦生人》神话描绘了一个人神共存的世界，两界通过藤蔓相连，人界由三位来自神界的领主治理。当人类忘记与至高神分享食物时，神以洪水毁灭了世界。三位领主造船逃回神界，后被允许重返人间，在水牛的助力下开始耕作。三年后水牛死去，自其鼻中长出葫芦藤，内里传出声音。一位领主用烧红的铁钎将葫芦戳破，有人类从洞中挤出。另一位领主用凿子扩大洞口，人们带着财物和家畜蜂拥而出，历经三天三夜，人类重生完毕。为防止混乱，三位领主将人们分为三族，从小洞中涌出的是老听族人，从大洞中走出的是老龙族人和老松族人。随后，领主教授生存与道德知识，使人们得以开化（李小元 等，2017）。该传说不仅是对人类起源的一种解释，也是对人类社会、文化和道德发展的一种隐喻。

《葫芦生人》中的葫芦有别于其他承载单一象征意义的意象，具有多重象征意义。第一，葫芦是人类重新起源的载体，反映老挝先民对人类起源的想象，代表生存和繁衍的基本生命意识。这是葫芦最常见的功能，也奠定了其在神话中的核心地位。对于自身生命来源的讨论意味着人类不再限于“向外探索世界”，也有了“向内认识自己”的意识（陈巧英 等，2013）。第二，不同民族从不同的洞口中走出代表人类族群分化，社会文化多元性开始呈现，反映老挝先民对人类多样性和社会层次结构的思考。神话创造者认为各民族同源共祖，暗示不同文化和民族间天生的依存关系。多元共存观念鼓励人们对不同文化背景的人给予尊重和理解，是建立和谐社会的基础。“因为有了该神话，老挝人民认为，三个民族来源于同一个葫芦，同根同源，所以应当相互尊重，相互帮助。”（李小元 等，2017）从葫芦中走出的顺序和方式象征着社会的等级制度和层次结构，反映老挝先民对社会分层及个体在社会中地位角色的基本认知。第三，与其他神话不同的是，神话中从葫芦中出世的除了人类外，还有财物和家畜等，葫芦承担了反映早期社会财富积累的功能，暗示财富分布和社会地位的初始形成。

结合人类社会历史分析，《葫芦生人》形成年代应早于其他老挝葫芦神话。在其产生时代，人类可能还没有形成婚姻或伦理观念。此外，即使流传过程中神话会随社会发展出现流变，其中意象的核心作用一般也不会消失。可知葫芦最原初、最本质的作用是由“多籽”而衍生出的“生殖”功能，以及由葫芦的包容功能而衍生出的子宫孕育功能（邢莉，2007），其核心应在于“生人”而非“避水”。洪水故事本无葫芦，且神话故事中的避水工具也并非一定是葫芦。葫芦是生人故事的有机部分，是在生人故事兼并洪水故事的过程中，以它的渡船作用，做了缀合两个故事的连锁。总之，没有生人素材的葫芦，便没有避水工具的葫芦。生人的主题比洪水来得重要，而葫芦则正做了生人故事的核心（闻一多，1993）。《葫芦生人》神话产生时期还未将渡水工具功能赋予葫芦，且当时先民认为命运由神决定，人类在强大自然灾害前毫无抵抗能力（黎莉，2007），遇到洪水便无一幸存。而此后的神话中，随着人类对灾难的防御能力逐渐增强，各类防御工具应运而生，少数幸存者始终是后续人类繁衍的希望。这体现出人类对灾难的防御能力从无到有，从弱到强的发展过程，也反映出《葫芦生人》神话比其他葫芦神话具有更为古老的时代背景，揭示了远古先民对生命起源和社会秩序更为古老的共同心理认知。

3 《葫芦生人》神话的老挝文化与历史呈现

心理原型是集体无意识中的一种内在形象，代表人类共同心理结构和情感体验。《葫芦生人》神话心理原型以起源叙述形式呈现，蕴含深厚的文化内涵，映射出先民对生命、自然和宇宙的深邃洞察。从多角度解读《葫芦生人》神话中的心理原型，可以揭示先民对世界的理解和对社会的期待。

葫芦与创世、再生的关联折射出老挝先民对葫芦的原始崇拜。民俗学资料表明，在人类探索起源的早期阶段，思维能力尚未成熟，人们倾向于直观、具体的思维模式，而非抽象的逻辑推理，因而将女性生育功能及其外貌特征加以神化，并由此将母体崇拜和生殖崇拜物化为葫芦崇拜（杨云燕，2012）。葫芦激发出先民对强大生命力的幻想，在原始类比思维引导下，葫芦激起了先民对其生命力的尊崇心理（邓钧，2006）。在老挝《葫芦生人》神话中，葫芦即母体，人由葫芦生，葫芦作为连接祖先与后代的神圣媒介承载了老挝先民的祖灵信仰。它作为祖灵的象征，不仅是生命的载体，也是沟通过去与现在的桥梁，体现血脉传承与族群延续，强调了历史和传统在民族身份构建中的作用，折射出先民对人类和民族自身历史演化的思索（杨云燕，2012）。我国西南民族地区也有将葫芦作为始祖和保护神的习俗（张庆松，2008），体现了葫芦在民间信仰中的崇高地位。这些习俗不仅彰显了葫芦的文化和精神价值，还“反映了老挝与中国西南的某些民族有着同源关系”（李小元 等，2017），表明了不同民族文化间的共性和相互影响。

《葫芦生人》传达的道德观是对老挝原始社会秩序的反应，是老挝当今价值观念的根基。神话强调和睦相处、团结互助，强调个人应对社会承担责任和义务，确立个人行为的道德指引，为社会和谐运作奠定基础。人类因未与神分享食物而激怒了神，反映出人类缺乏谦逊和认知约束的自我意识，提示人类要在自我主张与谦逊之间找到平衡。人神共存的世界观揭示了人与自然和谐共存的理念，反映了人们对自然秩序和生命循环的敬畏。天降洪水象征自然力量的审判，体现人类对自身错误的认识，以及渴望赎罪和重获纯洁的内在需求。水牛的死去与葫芦生人的出现象征生命的循环和更新，强调了个体在逆境中寻求成长和转变的必要性。三个民族的共生体现了建立社会秩序、维护社群和平以及实现集体协作的追求，反映了对多元文化相互理解和尊重的价值观。《葫芦生人》神话中的道德观念，是老挝文化传统的重要组成部分，对促进社会稳定和文化繁荣发挥着不可替代的作用，使老挝社会得以在尊重传统的基础上持续发展。

葫芦作为古老且广泛分布的植物，在世界各地的考古研究中频繁出现，如亚洲的中国和泰国，拉丁美洲的墨西哥和秘鲁，以及非洲的埃及，其出土记录可追溯到公元前 7000 年至公元前 1000 年，其中一些是在人类居住的洞穴中被发现的（刘小幸，1996）。就现有民族神话的考察，葫芦笙创制时间几乎可以贴近到新石器时代的晚期（邓钧，2006）。老挝地处热带，公元前 8000 年至公元前 4000 年，先民们开始了农耕和畜牧实践，葫芦应为古代先民所熟知。随后，金属工具在公元前 4000 年至公元前 500 年出现，老挝迎来生产力的提升。神话中三位领主下凡后的水牛助耕以及铁钎和凿子的出现都说明《葫芦生人》神话产生的时间大概在公元前 4000 年后。务农生活反映了先民对稳定生活方式的追求及农业在当时社会经济中的核心作用，揭示了老挝先民的社会基本结构和生活模式，是对农耕文明的记录和颂扬。天神赐下水牛助耕，显示出在神话产生时期，老挝先民已经结束刀耕火种的原始生产，建立起一套较为成熟的农业经营方式。铁钎和凿子意味着当时社会已经出现金属工具，而它在人类从蒙昧走向文明的过程中具有决定性作用。铁钎和凿子与塑造和建造有关：一位领主用烧红的铁钎将葫芦戳破，为人类带来重生的希望，另一位领主使用凿子扩大洞口让人们能够顺利出世，代表文明和技术的进步。

有学者认为，神话是先民们通过“幻想”反映出的“自然和社会形式本身”

(邓启龙，2002)，意义在于能表现为具有洞察力的隐喻（谢琦慧，2018)。《葫芦生人》揭示了老挝早期社会状况，包括社会结构与层次、财富来源与分配及农耕文明、打铁造船等早期农业、工业内容，是研究老挝历史的重要线索。神话也传达出老挝先民循环互通的生命观，人神共存、天罚、重生等元素反映了老挝先民对生命和死亡的深刻体悟、对未知世界的渴望和解释，展现出先民以顺应天命、敬畏自然、多元共生为核心的价值观。

4　人类的覆灭与重生：心理原型的投射

《葫芦生人》神话不仅展现了老挝的原始文化和历史，也触及了人类共同意识的深层结构。荣格指出，心理原型众所周知的表现方式之一就是神话（胡苏晓，1989)，葫芦神话作为全球众多民族和文化中流传的原型故事，映射了人类集体心理发展的基本轨迹，反映了人类自我认知从产生到成熟的演化过程，呈现为一种深层的“集体无意识”(石子萱，2023)。从荣格原型批评视角看，葫芦神话中的毁灭与再生，体现了人类对生命循环的深刻理解。这种原型故事在各文化中的普遍存在，透露出先民面对生存挑战的共同经历和对策，是对人类起源和社会演进的普遍记忆与思考，揭示了不同文化间共通的心理模式和行为反应。

荣格提出的原型概念，尤其是自身（self）概念，体现了人类对精神和谐与完整性的渴望（胡苏晓，1989)。在葫芦神话这一特定原型中，“人类”可以被理解为“自我意识”的象征。从原型批评视角出发，葫芦神话反映的人类“集体无意识”，实际上就是个体对于“我”的意识的表现。神话原型意象是人类在后天铭印刺激下创造出的超常符号刺激，这种人创符号刺激与人类开放的先天反应机制相结合，激发出人类的精神能量（张洪友，2018)。《葫芦生人》运用大量象征和隐喻，使用了许多经典原型意象。葫芦神话中展现的人类经历和心理发展，是每个人内在自我认知过程的映射，揭示人类共同心理结构与深层意识。

“人神共存”的世界构建“天”“我”和谐的心理原型。在古代自然宗教视域中，“神”或“天”被视为掌管人类事务与自然法则的至高存在。这种观念将人与自然的和谐统一置于神学框架之上，认为自然界的秩序和人类社会的行为均受到天意或神旨的指导与影响（解兰，2024)。自然的浩瀚与人类的渺小形成鲜明对比，古人渴望获得神灵庇佑的愿望显得尤为自然（孟凡宏，2007)。在《葫芦生人》中，人神共存的世界观揭示了“天”与“我”和谐共存的深层理念。人的生命状态需要与社会、自然以及自我达成和谐（谢琦慧，2018)，该原型体现了人类对与神圣存在之间关系的认知，反映了人们内心对和谐、秩序的追求。通过描写神话中连接人界与神界的藤蔓，故事传达出生命的相互依存，暗示了直接的交流和互动，即在先民心中，人类并非孤立存在，而是宇宙众生的一员，其行为和命运与周围世界密切相关。这种认识是对外在世界的观察，更是对内心世界的洞察，反映出古代人类对于生命本质的深刻体悟，以及对人与自然和谐相处的渴望。《葫芦生人》中的这一描绘，跨越文化和历史，出现在各种神话传说中，如中国《山海经》中的“建木”、日本《古事记》中的“天之浮桥”、北欧神话《散文埃达》中的“彩虹桥”等。在这些故事中，反复出现的藤蔓象征意义正是这种原型的体现，揭示了人类对于连接、成长和生命之网的集体心理认同。

“人激怒神”的情节揭示“自我”膨胀的心理原型。在《葫芦生人》中，人类因未与神分享食物而激怒了神，这一情节可以被视为“自我膨胀”的心理原型。从原型批评角度看，该原型揭示了人类心理发展中的一个关键阶段，即自我意识的确立与成熟，通常涉及个体或集体在缺乏谦逊和认知约束的情况下过度自信或自负，导致冲突和破裂。在这一过程中，个体必须学会平衡自我主张与谦卑，维护自身利益和独立性，认识到自己与他人和环境的相互依存。此外，这一情节也象征人类社会发展模式从和谐互依向自我中心的过渡。《圣经·旧约·创世纪》中人们因建造通往天堂的“巴别塔”触怒神、希腊神话中的伊卡洛斯因过于自信而导致蜡翼熔化坠海身亡、美洲原住民神话中因触怒神而引发洪水的情节都包含了对人性中自我膨胀倾向的批判，以及对谦逊、智慧和与自然和谐相处的强调。无论是哪个文化背景下的神话，这些原型都在不同程度上揭示了人类心理发展和社会进化的关键阶段。通过这些故事，先民们传递了对个人和社会行为的警示，同时提供了反思和修正的机会，强调了恢复和谐关系的必要性。

“天降洪水”的惩罚投射出“我”接受审判和教育的心理原型。洪水灭世作为一种心理隐喻，反映了人类自我意识的膨胀招致外部打击（石子萱，2023）。这既是对个体行为的直接惩罚，也是对整个人类社会的警示。在人类心理的深层结构中，天降洪水作为一种惩罚，象征着自然力量的审判，反映了内在“自我”接受审判的心理过程。这种原型深植于人类的集体无意识中，是秩序、道德和责任感的体现，显现出人类对自身错误的内省以及渴望赎罪和重获纯洁的内在需求。洪水成为净化和重生的象征，虽带来毁灭，但也为重新建立更公正、更有道德秩序的世界提供了机会。洪水神话中的水，模仿的是母体的羊水，代表从无生到有生、从有生到再生的过渡（胡继宁，2016）。原型批评视角下，当“自我”面对审判时，个体经历着自我反省和认知重构，这一过程中往往伴随着罪恶感、懊悔和重建和谐的希望。洪水的来临象征心灵的洗礼，人类意识到自身的局限性和脆弱性，激发出求生和重新开始的欲望。此外，洪水作为审判的原型也揭示了人类对于超自然力量的敬畏以及对未知的探索。洪水神话作为众所周知的世界性神话母题，持续影响着后世文艺创作，如电影《2012》融合了“诺亚方舟”神话传说、“大禹治水”相关神话被不断引用改编（张迪，2023）。它提醒人们，尽管科技和理性思维取得了巨大的进步，但仍存在人类无法完全掌控的力量，促使人类保持谦逊，与自然和谐共处，而不是征服或破坏它。《葫芦生人》中的神明不仅是具有神力的想象角色，还承担着教化人类的社会文化职能（ໄຊຍະສານ ສຸຄົນທະຄະຕິ, 2022），而至高神的"天罚"便是一种方式激烈的教化。此外，三位领主温和教化众人，使人们学会生存技能和处事原则。这则神话通过"神授"的方式，将以上提到的生存技能、处事原则、社会秩序、道德和责任感等社会价值标准神圣化，直到现在还具有教育意义。

"水牛死去""葫芦生人"完成"我"觉醒的心理原型。在《葫芦生人》神话叙事中，水牛的死去与葫芦生人的出现构成了充满象征意义的觉醒过程，完成并丰富了"我"的觉醒这一心理原型。水牛作为勤劳与力量的象征，其死亡象征着对旧有生活方式的终结，为转变和新生腾出空间。这一牺牲是觉醒过程中的关键，它标志着个体必须抛弃过去，以迎接全新的自我。葫芦作为封闭空间孕育着未来的人类，充满潜能与生命力。当葫芦最终开启，新人类从中走出，是对生命起源的再现，也是对个体自我认知的重启。从原型批评角度看，葫芦的重生意义强化了"我"的觉醒，展现了从内向外的自我发现和自我实现。这是个体发展的必经之路，涉及对自身弱点的认知、对自我的磨炼与教化及个人潜能的实现。此外，这一情节还揭示了转化与重生的重要主题。水牛的死去和葫芦的新生象征着生命的循环和更新，促使人们理解生命的连续性，在逆境中寻求成长。中国古代神话中的凤凰浴火涅槃重生、古埃及神话中的奥西里斯复活、基督教教义中耶稣基督被钉死后复活都与此相似，通过牺牲和转化实现了重生与觉醒，展现了人类对生命循环和自我更新的深刻理解，体现了人类对于成长、变革和进步的渴望，揭示了人类心理发展中个性的塑造和发展。通过这些神话故事，人们得以反思个人和社会行为，得到恢复和谐关系以及实现个人潜能的机会。

三个民族的共生体现了"我"建立社会秩序的心理原型。在《葫芦生人》神话中，三个民族的共生不仅是一个社会和谐的理想模型，而且深刻体现了"我"建立秩序的心理原型。该原型揭示了人类对于建立社会秩序、维护社群和平以及实现集体协作的内在追求，涉及多元文化的相互理解与尊重，反映了个体与集体之间相互作用的复杂性。每个民族都有自己的文化背景和社会规范，但在共同生活的过程中，必须找到实现不同文化和谐共处的平衡点。这既是对个体适应性和包容性的考验，也是对整个社会协调机制的检验。从原型批评角度看，将"民族"理念内化为个体心理环境和情感基础，为产生归属感提供了条件（张迪，2023）。这种共生关系触及秩序感的建立，是形成稳定社会基础和个人安全感的重要元素，是人类心理发展过程中的关键方面之一。此外，这种共生关系也象征人类社会发展的理想状态，即不同人群能够超越种族、文化和宗教差异，共同构建和谐世界。在理想社会中，每人都有机会表达自己的独特性，同时也承担着维护集体利益的义务。希腊神话中的奥林匹斯山、北欧神话中的诸神之城阿斯加德、美洲原住民神话中的部族联盟都存在着与《葫芦生人》中三个民族共生类似的情节，这些情节同样体现出人类对建立社会秩序和实现集体协作的内在追求，描绘了不同民族或群体之间为共同目标而努力实现和谐共生的情景。通过这些故事，人们得以反思如何在保持个性的同时与他人合作，如何在多元世界中构建和谐社会秩序。该原型强调了维护社会秩序的集体协作、相互理解的必要性，揭示了人类心理发展过程中对秩序和协作的需求，也提供了对于如何建立和维护社会稳定的深刻见解。

5 结语

葫芦意象是神话领域的核心之一，是在不同文化中反复出现的相似符号。老挝《葫芦生人》神话展现了老挝先民对世界的原初理解，其中的葫芦有别于其他意象，具有多重象征含义，反映了老挝先民对人类起源、社会秩序和财富分配的认知。神话印证了老挝早期由母体崇拜而生的葫芦崇拜，传达了老挝原始社会的价值观念，更反映了当时老挝的社会风貌，见证了其成熟农业经营方式的出现和金属工具的建造，这些当时社会发展的重要组成部分是研究老挝历史的重要资料。

《葫芦生人》神话中蕴含的心理原型深刻揭示了人类对生命循环、和谐、秩序以及个人成长的普遍追求和理解。心理原型的反复出现跨越了不同的时代和文化背景，显现出一种普遍性，揭示了人类共有的心理需求和内在冲突，构成了一个复杂的系统。这些心理原型涉及人类自我认知的发展、道德观念的形成以及社会秩序的建立，反映了人类在面对不断变化的世界时，寻求恒定性的基本心理动机。即便人类的生存环境、社会结构与科技不断进步变化，这些原型所代表的心理模式和经验仍然稳如磐石，深植于集体无意识之中。它们为人类提供了解读历史、认清现实的框架，并对人未来的行动和决策进行明智指导。

神话中的心理原型不仅是理解老挝乃至整个东南亚文化的钥匙，也是探索全人类共同心理和精神遗产的窗口。“大众曾经笃信不疑地来解读各种神话里的象征符号，这种方式一直以来都是人类文明、道德秩序、凝聚力、活力乃至创造力的支柱。”（谢琦慧，2018）对这些原型的研究和反思，可以帮助人类塑造更加包容和谐的全球社会，实现持续的和平与发展，推动人类命运共同体的构建。

参考文献

陈巧英，杨芍，2013. 从葫芦文化看德宏世居少数民族的生命意识 [J]. 学园（16）：12.
陈永香，樊英，2005. 彝族史诗《梅葛》神话原型的分析 [J]. 楚雄师范学院学报，20（1）：68.
邓钧，2006. 葫芦笙象征意义和文化渊源的音乐人类学考析 [J]. 中国音乐（季刊）(4)：58-59.
邓启龙，2002. 神话研究的新视野——对神话理论的再认识 [J]. 广州大学学报（社会科学版），1（7）：21.
杜晨曦，2024. 神话原型批评视域下的《西游记》水意象 [J]. 文学评论（11）：8.

郭立颖，2010. 世界民间神话中的葫芦文化 [J]. 怀化学院学报，29（3）：9.

胡继宁，2016. 取物观象——中国本原哲学体系的葫芦崇拜及图示研究 [D]. 北京：中央美术学院：5-32.

胡苏晓，1989. 集体无意识——原型——神话母题——容格的分析心理学与神话原型批评 [J]. 文学评论（1）：133-136.

霍志刚，2019. 傣族神话研究回顾与“朝向当下”的傣族神话研究 [J]. 长江大学学报（社会科学版），42（6）：15-23.

黎莉，2007. 中国壮族与老挝民族“葫芦”神话比较初探 [J]. 东南亚纵横（11）：65-69.

黎莉，2008. 以葫芦神话为切入点探讨我国壮族与老挝佬泰族群的文化 [D]. 广西：广西民族大学：1-50.

李小元，陆蕴联，2017. 老挝文学史及作品选读 [M]. 北京：外语教学与研究出版社 .

刘庆芳，1994. 葫芦与盛器 [J]. 民俗研究（2）：12.

刘素琴，1993. 葫芦文化与上古传说史 [J]. 贵州师范大学学报（社会科学版）(2)：8.

刘小幸，1996. 祖灵崇拜、母体崇拜与葫芦 [C]// 游琪，刘锡诚 . 葫芦与象征——中国民俗文化国际学术研讨会论文集 . 北京：商务印书馆：259.

刘尧汉，1983. 中华民族的原始葫芦文化 [J]. 中南民族学院学报（3）：136.

罗宏杰，2001. 葫芦生殖象征意义的符号生成 [J]. 湖北民族学院学报（哲学社会科学版），19（2）：14-18.

孟凡宏，2007. 关于葫芦文化的哲学思考 [J]. 理论界（2）：120.

石子萱，2023.“原型批评”视角下的洪水神话浅析 [J]. 长江大学学报（社会科学版），46（4）：24-27.

宋上光，2001. 蒙古和朝鲜民间故事之比较研究——浅析“葫芦和富人”的传说 [J]. 穆仁，译 . 蒙古学信息（4）：53.

闻一多，1993. 伏羲考：闻一多全集・神话编 [M]. 武汉：湖北人民出版社：109.

向志敏，2024. 如何运用“神话母题”讲好国产动画电影故事 [J]. 今传媒（2）：63.

解兰，2024. 人与自然和谐共生的现代化：哲学依据与价值意蕴 [J]. 今古文创（16）：73.

谢琦慧，2018. 约瑟夫・坎贝尔神话理论研究 [D]. 上海：华东师范大学：49-58.

邢莉，2009. 葫芦：母体的象征——中国女习惯民俗文化探索之一 [J]. 湖北民族学院学报（哲学社会科学版），27（5）：38.

杨云燕，2012. 从人类学视角解读拉祜族葫芦文化 [J]. 鸡西大学学报，12（4）：134-135.

赵会莉，2013.《诗经》与葫芦文化 [J]. 才智（10）：200.

张迪，2023. 侗族创世史诗神话原型批评研究 [D]. 贵州：贵州师范大学：4-56.

张洪友，2018. 约瑟夫・坎贝尔神话意象观解析 [J]. 绵阳师范学院学报，37（7）：35.

张庆松，2008. 葫芦的宗教文化内涵浅析 [J]. 阴山学刊，21（3）：53.

郑腾尧，2019.“葫芦”意象的文化寓意分析 [J]. 连云港职业技术学院学报，32（4）：29-33.

ຄຳຜຸຍ ໂພທິສານ, 2000. ວັນນະຄະດີພື້ນເມືອງ 1 [M]. ວຽງຈັນ: ມະຫາວິທະຍາໄລແຫ່ງຊາດ.

ໄຊຍະສານ ສຸຄັນທະຄະຕິ, 2022. ປະພັນສິນສາດ [M]. ວຽງຈັນ: ມະຫາວິທະຍາໄລແຫ່ງຊາດ.

SEO YOO-WON, 2009. Gourd and gourd worship appeared in the Chinese flood myth and the human origin myth[J]. Asian Cultural Studies, 17: 285-306.

作者简介

姜雅桐，北京外国语大学亚洲学院老挝研究中心研究助理。主要研究领域：东南亚文学。电子邮箱：574855334@qq.com。

李子茉，北京外国语大学亚洲学院柬埔寨研究中心研究员。主要研究领域：东南亚文学。电子邮箱：lizimo26@bfsu.edu.cn。

越南基础教育的发展与特点*

刘 捷

摘 要：越南基础教育经历了漫长与曲折的发展历程，形成了符合越南国情的基础教育法律、基础教育学制和基础教育层级，并呈现了高度重视思想政治教育、加强管理与革新发展齐头并进、积极制定教育发展规划、切实促进STEM教育、逐步推动教育社会化、努力加强民族区域教育、持续强化教师在职培训的鲜明特点。这些特点反映了越南基础教育在教育理念、教育内容和方法上的不断创新和优化，使得越南的基础教育在促进中小学学生发展方面取得了新的进步和成效，也为其他国家基础教育的改革和发展提供了有益的范例和借鉴。

关键词：越南；基础教育；发展规划；教师培训

The Development and Characteristics of Basic Education in Vietnam

Liu Jie

Abstract: Vietnam's basic education has gone through a long and tortuous development process, resulting in the formation of a basic education law, basic education system, and basic education hierarchy that are in line with Vietnam's national conditions. It has shown distinct characteristics of highly valuing ideological and political education, strengthening management and promoting innovative development, actively formulating education development plans, effectively promoting STEM education, gradually promoting education socialization, striving to strengthen ethnic regional education, and continuously strengthening in-service teacher training. These characteristics reflect the continuous innovation and optimization of Vietnam's basic education in educational concepts, content, and methods, leading to new progress and achievements in promoting the development of primary and secondary school students in Vietnam's basic education.

* 本文系国家社会科学基金（教育学）重大项目"新时代提升中国参与全球教育治理的能力及策略研究"（项目编号：VDA200004）、北京外国语大学"双一流"建设标志性项目"'一带一路'国家文化教育研究"（项目编号：BW202018）的研究成果之一。

They also provide useful examples and references for the reform and development of basic education in other countries.

Keywords: Vietnam; basic education; development history; development planning; teacher training

越南基础教育经历了漫长与曲折的发展历程，进入 21 世纪以来取得了长足进步。研究越南基础教育的发展历程与特点，有助于了解越南教育政策与战略的制定过程，促进国际教育交流与合作，为其他国家教育实践与创新提供案例和启示。

1 越南基础教育的发展与现状

1.1 越南基础教育的发展历程

古代越南深受中国政治和传统文化的影响，所以基本上是沿用古代中国的教育制度，实行科举制，没有明确的学制划分和年龄区分。教育的主要内容以四书五经为主。教学目的是将学生培养成为既有渊博的文、史、地、兵、算方面的知识，又具备道德修养的维护封建统治的各种人才。

19 世纪 80 年代，越南沦为法国保护国。法国在越南实行愚民政策，使得本地传统教育制度受到冲击。1917 年，法国殖民当局正式在越南推行法国教育制度，在全国城乡开办了 6 年制小学，在部分城市开办了 4 年制初中、2 年制（后改为 3 年制）高中。

越南民主共和国成立后，越南确定了教育服务于国家复兴的教育发展方针。1950 年 7 月，越南政府委员会公布了教育改革方案，提出教育方针是学以致用、理论与实践相结合，培养目标是把年轻一代培养成为拥护人民民主制度、具有为人民服务的品质和抗战能力的未来劳动公民。针对当时军事战争、社会动荡、经济困难的多重挑战，中小学教育从原来的 12 年制缩短为 9 年制，其中小学为 4 年、初中为 3 年、高中为 2 年。为提高教学水平，1951 年夏，教育部成立了教材编写中心。到 1952 年，教材编写中心按新的教学计划编写了小学的全部教材以及一部分初中和高中的教材（黎巧萍，2005）。虽处于战争环境，但越北解放区的教育事业依然不断发展，群众性扫盲活动取得明显的成效。

1954 年日内瓦协议签订后，越南被分割成南北两方，两方政府分别采用不同的教育制度。南方继续采用西方教育制度，北方解放区则逐步建立了以马克思列宁主义为基础的、为劳动人民服务的社会主义教育体系。1956 年，越南教育部通过了关于 10 年制中小学教育体系的教育改革方案，将中小学分为小学、初中、高中 3 个阶段，各级教育全部免费。该教育改革方案还指出，越南的教育目的是“把青少年培养成为全面发展的人，成为忠于祖国的好公民，成为德才兼备的好劳动者、好干部”；教育方针是“理论联系实际，学校与社会生活紧密结合”（黎巧萍，2005）。

1976年越南全国统一后，教育事业发展较快。全国基本普及了小学教育，达到了村有小学、县有初中、省有高中的水平。1979年，越共中央通过了教育改革的决议，提出要普及中小学教育，以培养有道德、有知识、有能力、健康的社会主义新型人才。1981年，全国中小学教育的学制得到统一。新的中小学教育为12年制，其中小学5年、初中4年、高中3年。这次教育改革采取逐年展开的方式，每年改革一个年级，即从1981—1982学年开始，首先是小学一年级使用改革教材，依此类推，改革持续12年（黎巧萍，2005）。

2000年12月，越南发布了一个旨在修订基础教育课程的指示，明确新基础教育课程改革于2002年3月开始在全国范围内实施。这次改革的目的是为越南年轻一代提供更高质量的教育，满足国家工业化和现代化对人力资源的需要，使越南教育水平更接近邻国和世界发达国家的水平（Nguyen，2015）。新基础教育课程改革重视提高学习者的创造性思维能力，强调实际操作，重视学习者的自主学习和学习能力的培养，促进了基础教育的良性发展。2010—2011学年，越南小学已有27.24万个班级，在校生704.33万人，教师36.58万人；初中有15.12万个班级，在校生494.52万人，教师31.62万人；高中有6.69万个班级，在校生280.43万人，教师14.89万人（蔡昌卓，2014）。

1.2 越南基础教育的发展现状

1.2.1 基础教育法律

革新开放后，越南认识到制定教育法律法规的必要性和紧迫性。1991年8月，越南国会通过了《越南初等教育普及法》，这是越南教育史上第一部教育专门法。1998年12月，越南国会审议通过的《越南教育法》将教育视为越南第一国策，坚持社会主义方向的教育方针，确认教育机会均等原则是教育政策的优先目标，并实行小学义务教育制度。2005年5月，第十一届国会审议通过的《越南教育法》修订案规定，初等教育和初级中等教育属于普及教育，所有在规定年限内的公民均有受教育的义务；国家应该制定普及教育计划，确保教育在全国范围内的普及。2009年11月，越南国会通过的《越南教育法》修订案集中解决了基础教育的以下问题：国家继续有效增加教育投入，尤其关注山区和经济社会仍有诸多困难的地区；对编撰普通教育大纲和教科书做出更加严格的规定；补充关于要求公开教育质量标准、教育质量检定和明确规定国家管理教育质量检定的内容；制定更加清楚的成立学校的条件和准许教育活动的条件；提高教育的组织和活动质量，创造必要的法理加快管理改革以提高教育质量；实行教师工龄津贴。《越南教育法》的制定、修订、完善为越南基础教育的稳步发展和国民素质的提高提供了强有力的法律保证。

1.2.2 基础教育学制

越南已经形成了从小学到高中的比较完整的基础教育体系，各级具体学制如下：小学教育，又称一级教育，入学年龄为6岁，11岁毕业，学制为5年；初中教育，又称二级教育，学制为4年，11岁入学，15岁毕业；普通高中教育，又称三级教育，15岁入学，18岁毕业，学制为3年。2018—2019学年，越南小学有28.02万个班，在校生854.15万人，其中女学生408.12万人；教师人数38.57万人；平均每班有30.5个学生，师生比为1∶22.1。初中有15.2万个班，在校生545.69万人，其中女学生265.1万人；教师28.6万人；平均每班有35.9个学生，师生比为1∶19.1。高中有6.65万个班，在校生255.99万人，其中女学生137.56万人；教师13.40万人；平均每班有38.5个学生，师生比为1∶19.1（解桂海，2021）。

1.2.3 基础教育各阶段基本目标

1.2.3.1 小学教育

越南小学教育属于义务教育阶段，目的是培养德育、智育、体育、美育、劳动教育全面发展的小学生。《越南教育法》规定，小学教育要保证学生对自然、社会和人类具有简单和必要的认识，具有听、说、读、写和计算的基本能力，具有锻炼身体和讲究卫生的习惯，对歌唱、舞蹈、音乐和美术具有初步的认识。

1.2.3.2 初中教育

《越南教育法》规定，初中教育必须巩固和发展学生在小学教育阶段学到的内容，保证学生对越南语、数学、民族历史的基础知识及社会科学、自然科学、法律、计算机、外语的学习和掌握，并对技术技能和职业发展有一定程度的理解。多年来，越南教育部门加强初中教育教学管理，完善检查评价体系，促进初中语文、历史、地理、公民教育课的教学改革，尝试把环境教育结合到物理、化学、生物学、工艺、历史、语文、公民教育课中，按照发挥学生创造性和主动性、加强自学能力的方向指导改革教学方法，促使越南初中教育发生了巨大变革。

1.2.3.3 高中教育

越南高中教育主要是为了促进学生巩固和发展初中的知识，完善基础知识结构，对技术和就业具有一般性的认识，具有发挥个人能力、选择发展方向以及继续大学、大专等学习或步入社会的条件。进入21世纪以来，越南高中不断改革发展，除了保证高中学生具有普遍性、基础性、全面性的知识外，还设有一些课程以帮助发展学生的能力，促进学生道德、智力、体质、审美和各种基本技能的全面发展，促进学生发挥个人能力、积极性和创造性，形成社会主义越南人的人格，培养公民的意识和责任，为学生继续深造或步入社会、参加建设和保卫祖国做准备，促使越南高中教育取得了很大的进步。

2 越南基础教育的特点

2.1 高度重视思想政治教育

越南是共产党领导下的社会主义国家,《越南教育法》规定,“越南教育是具有人民、民族、科学和现代性质的,以马列主义和胡志明思想为基础的社会主义教育”,“教育的目标是把越南人民教育成为全面、有道德、有知识、身体健康、具有审美观和技能、忠诚于民族独立和社会主义理想的人;培养公民的人格、品质和能力,适应建设事业和保卫祖国的要求”,“教育活动要按照学习与实践相结合,教育与生产劳动相结合,理论与实践相结合,学校教育与家庭教育和社会教育相结合的原理实行”(李枭鹰 等,2012)。越南教育和培训部专门内设了中小学政治教育司,实施国家对基础政治教育和学生工作的全面管理。其主要任务有三项。一是深入宣传、贯彻、执行党的方针政策,传授和遵循胡志明的思想品德和作风,统筹建设马列主义理论、胡志明思想学科教育的内容、程序、形式和方法,指导检查各地各学校思想政治教育活动的开展。二是制定道德、生活方式和生活技能教育的内容、程序、形式、方法,指导、检查和评价中小学生道德、生活方式和生活技能的达标情况,提倡构建纪律严明、健康、友好的教育环境,提倡组织中小学生的美育和文化艺术活动,引导中小学生以健康地学习和娱乐为目的使用互联网和社交网络,监督学校的工会、协会、团队和青年工作,监督处理中小学生思想政治问题。三是指导、检查和评价中小学生管理工作,确保秩序和安全,开展预防犯罪、艾滋病、毒品、卖淫等教育,预防中小学生校园暴力,加强家庭建设和预防家庭暴力。

1979 年越共中央通过决议,提出“青少年儿童要有热爱社会主义祖国之心和无产阶级国际主义的精神、集体做主的意识、团结友爱的精神,爱人民、爱劳动、爱科学,有组织和纪律的意识,珍惜和保护公共财产,脚踏实地、勇敢、谦虚,等等”(李枭鹰 等,2012)。1981 年越南提出,教育是思想文化革命的重要部分,教育就是为了培养有道德、有知识、有能力、健康的社会主义新型人才。1998 年越南将道德教育纳入正式课程,并且在各级教育系统中作为一门独立的学科进行教学,明确规定要将教育重点放在道德和公民教育上。这是越南道德教育史上的里程碑,自此学校道德教育课程取得了法律地位,各学段的道德教育的目标和具体内容都有了明确的依据和发展方向。2001 年越共九大提出,必须加强对学生的政治、思想和道德风尚教育,再次强调了思想道德教育的重要性。《越南 2011—2020 年教育发展战略》将学生道德能力和生活技能的培养和提高再度放到了国家的发展战略目标中,对越南 21 世纪的道德教育提出了更新的发展要求。目前,越南小学和中学正式开设道德教育、公民教育等课程,注重品格教育、公民教育和政治教育,传统道德思想和社会主义道德思想相结合,不同学段之间内容上相衔接,注重成套教材的编写。越南的学校道德教育已形成了具有越南特色的发展体系。

2.2 加强管理与革新发展齐头并进

越南教育和培训部专设小学教育司和中学教育司，分别实施国家初等、中等教育管理工作。其主要任务有三项。一是制定和落实中小学教育计划，颁布中小学教育课程、教材开发标准与程序规定；组织和运作全国基础教育课程、教材评估委员会，组织中小学教科书评审，指导中小学教育机构选用教科书；指导中小学教育规划内容的实施，管理教学设备、参考资料。二是保证和提高中小学教育质量，制定、实施和评估中小学教育的相关标准、条例，检查和评估中小学教育计划的执行情况、教育质量和普及程度，检查和评价中小学生的学习成绩；注重引导基层管理人员和教师队伍的培养，提高其专业能力；协调管理和指导学生学科竞赛的组织工作。三是指导、检查中小学教育机构的组织运转、管理效能。

越南在东南亚国家教育管理成效和中小学学生绩效评估方面名列前茅。东南亚小学生学习测评项目（The Southeast Asia Primary Learning Metrics，简称“SEA-PLM”）是面向东南亚小学生进行的大规模区域学生学习评估项目，得到了柬埔寨、老挝、马来西亚、缅甸、菲律宾和越南六个东南亚国家的支持与参与，主要关注五年级学生在阅读、写作和数学领域的学习成果，通过以各国教学官方语言为载体的纸笔测试和问卷调查收集儿童和学校数据。这个在东南亚地区首次进行的测评项目，历经两年时间的前期酝酿、数据收集与分析，于 2020 年 11 月 30 日在其官网上发布了《SEA-PLM 报告（2019 年）：东南亚六国的学生学习》。报告显示，越南数学、阅读和写作三个领域的测评结果在参加正式调查的六个国家中名次最高。具体来说，在数学领域，六个国家的学生平均分是 304.79 分，越南学生的平均成绩为 341.55 分。在阅读方面，六个国家的学生平均分数为 300 分，越南学生的平均分数为 336.46 分。在写作领域，六个国家的学生平均分是 304.92 分，越南学生的平均成绩为 328.01 分（刘捷 等，2023）。对越南调查结果的详细分析表明，城市、经济条件较好的家庭的学生，与偏远地区、经济条件艰苦的家庭的学生群体相比，平均分和熟练程度更高。父母的学历越高，孩子的学习成绩越好。此外，父母的职业、家庭的学习环境也对学生的学习成绩有相当大的影响。根据 SEA-PLM 报告和数据分析的结果，越南教育和培训部确定了发展小学教育的政策和战略。其中，一些长期重点措施是：制定具体、切实的投资政策，发展山区和偏远地区的学生教育，支持少数民族儿童和弱势儿童教育；制定学生家长培训计划，提高学生家长的教育水平，以便他们更好地在家庭中教育孩子；加强对学生的阅读指导，提高他们的写作技能；推进考试、教学评估的改革，为校长和教师提供学校和班级的管理方法和技能指导。

2.3 积极制定教育发展规划

随着革新开放步伐的加大，越南政府积极制定各种政策措施、发展规划以解决基础教育中存在的问题，促进基础教育不断向前迈进。进入 21 世纪以来，越南政府先后制定了《越南 2001—2010 年教育发展战略》《越南 2011—2020 教育发展战略》等教育总体和专项发展规划。《越南 2001—2010 年教育发展战略》提出：根据赶上世界先进水平的要求，要革新基础教育的目标、内容、方法、章程，根本提高基础教育质量，切实服务于国家经济社会的发展，建成学习型社会，改变越南基础教育落后于区域其他发达国家的状况；要优先提高人力资源培养质量，推动普及初中教育的进步和发展，使其直接为提高经济竞争力做贡献；要发展教师队伍，既扩大其规模，又提高质量；要革新教育理论，为教育改革奠定理论基础。《越南 2011—2020 年教育发展战略》提出，要“根据标准化、现代化、社会化、民主化和国际化目标，实现我国教育根本和全面的革新；教育质量得到全面提高，包括道德教育、生活技能、创新能力、实践能力、外语和计算机能力；满足人力资源要求，特别是服务国家工业化、现代化事业和建设知识经济社会的高质量人力资源要求；实现教育公平，为所有公民提供终身学习的机会，逐步形成学习型社会”（李枭鹰 等，2012）。

越南一系列教育发展战略规划的制定与实施，促进了基础教育的良性和持续发展：基础教育规模不断扩大，受教育人数不断增加，普及程度逐年提高，在全国完成了扫除文盲、普及小学、普及初中的历史性任务，学生对新知识的理解水平、接受能力有了进一步提高，好学的民族传统得到发扬，少数民族子女、贫困家庭子女日益得到关心，奖学金、助学贷款和其他资助政策全面展开，教师和教育管理干部队伍逐步实现专业化，建立了从中央到地方的基础教育质量管理系统，国家财政对基础教育的投资增长迅速，学校的物质基础得到改善。2021 年，教育和培训部召开落实越共十三大会议精神专门会议，其中一个重点任务是研究和编制越南 2021—2030 年教育发展战略、2021—2030 年教育机构发展规划和 2045 年教育远景发展规划，进一步制定和实施越南教育发展战略框架。

2.4　切实促进 STEM 教育

第四次工业革命对教育产生了深远的影响，包括技术驱动的教育变革、教育内容的更新与拓展、教育模式的创新以及教育公平性的提升等方面。这些影响将有助于推动教育的持续发展和创新，培养更多适应未来社会的人才。2017 年 5 月 4 日，越南政府发布了关于加强第四次工业革命能力的指示，要求在普通中学大力开展科学、技术、工程和数学教育（Science、Technology、Engineering、Mathematics，简称“STEM”教育）。同年，教育和培训部指导 15 个省市开展 STEM 教育，有 60 所学校实施 STEM 教育模式（刘捷 等，2023）。此后，要求所有中学在学科和教育活动中都要贯彻 STEM 教育精神。2018 年，教育和培训部发布了 2018—2025 年在普通中学中实施职业教育和学生分流方向计划，提出要为完善与职业教育有关的教学设施和设备提供资金支持，在一些中学实施 STEM 教育。教育和培训部每年举办一次中学生科技竞赛，引导和促进了 STEM 教育的实施。有关学校和教师也积极开展 STEM 教育试点活动，努力熟悉和掌握 STEM 教育活动的内容、方法和形式。

STEM 教育进入中学具有许多意义，符合普通教育的改革方向。它的优势之一是集多学科教学为一体。因为要解决实践问题，不能仅靠一门学科知识，而是要统筹兼并，整合多学科的知识。STEM 教学与实践相结合，学与行并举，即通过实践学习、学习实践，帮助学生探索知识，从而提高能力素质，改变学生的学习方式和思维方式。

2.5 逐步推动教育社会化

越南教育社会化推动了基础教育改革。越南政府制定了一系列教育政策和法规，支持基础教育多样化社会办学的发展，同时加强对各类学校的监管和评估，使基础教育体系和教育形式实现了多样化。一是私立学校的兴起。越南政府鼓励和支持私立学校的发展，允许私人资本进入教育领域。私立学校通常提供与传统公立学校不同的教学方法和课程设置，包括国际课程、艺术课程、体育课程等，以满足不同学生的需求。这些学校往往具有更加灵活的教学方式和更先进的教学设施，吸引了一些家长和学生。二是社区学校的建设。越南政府鼓励社区参与基础教育的办学。社区学校通常由当地居民自发组织，利用社区资源为学生提供教育服务。这些学校通常注重培养学生的实践能力和社会责任感，同时也促进了社区文化的传承和发展。三是校企合作办学。越南的一些大型企业也积极参与到基础教育的办学中来。通过与学校合作，企业提供资金、教学设备和实习机会等资源，支持学校的发展。这种校企合作模式有助于学校与企业之间紧密合作，为学生提供了更加实用的教育和就业机会。四是国际学校的增加。随着越南经济的快速发展和国际交流的增加，越来越多的国际学校在越南设立。这些学校通常提供全英文授课，采用国际通用的教育标准和课程体系，如 IB（国际文凭）课程、AP（美国大学先修课程）等。国际学校为越南学生提供了接受国际化教育的机会，也为在越南工作的外籍人士提供了便利。总之，越南基础教育多样化社会办学在近年来取得了显著进展，为越南学生提供了更加多样化、灵活和高质量的教育服务，同时也促进了越南教育事业的发展。数据统计显示，2016—2017 学年，越南基础教育阶段有 113 所私立小学、154 所私立初中、281 所私立高中，相应学段私立学校学生分别为 6.824 万名、5.67 万名、18.625 万名（刘捷 等，2023）。

2.6 努力加强民族区域教育

越南民族众多，分布广泛，加强少数民族教育一直是越南基础教育的重要方向。越南教育和培训部为此专门内设了少数民族教育司，进行国家少数民族教育管理。其主要任务有三项。一是制定少数民族、山区和极端困难地区的教育和培训政策，制定少数民族招生政策，制定少数民族、山区、极端困难地区工作的教师和管理人员的政策，颁布各类寄宿制、半寄宿制少数民族普通学校的组织管理办法、标准和规定，发展西北、中部高地和西南地区教育和培训。二是保障少数民族、山区和极端困难地区教师和管理人员的数量、质量与合理结构，保障上述地区基础教育机构的设施和设备，向少数民族儿童和学生教授少数民族语言、文化以及越南语和越南文化，在普通教育学校向少数民族学生教授少数民族语言和少数民族文化。三是对少数民族、山区、极端困难地区的教育质量进行检查和评价，尤其是对上述地区寄宿制、半寄宿制少数民族普通学校的教育质量进行考核和评价。

2021 年 9 月，教育和培训部召开少数民族地区教育和培训的可持续发展总结研讨会。会议指出，少数民族地区在普及小学、初中教育和扫盲的目标达成方面成效明显，各省、县都为山区少数民族子弟办有寄宿学校和半寄宿学校，全国完成了扫盲工作，普及了小学教育和初中教育。面向未来，越南将提供减免学费、提供奖学金和助学金等教育扶贫政策，增加对少数民族地区学校、图书馆、实验室等教育基础设施的投资，确保少数民族地区的教育资源与其他地区相平衡，加强家校合作和社区参与，为少数民族地区的学生提供更多的在线学习资源和技术支持，为学生提供一个公平、公正、包容的学习环境。

2.7　持续强化教师在职培训

好的教育离不开质量优秀、数量充足的教师队伍。随着经济水平的提高，越南政府也越来越意识到教师在职培训及管理的重要性。2009 年 10 月 22 日，越南教育和培训部出台初中、高中教师专业标准。中学教师专业标准规定的出台旨在帮助中学教师自行评价政治、生活道德品质、专业能力，由此作为每年对教师进行评价和分等级的基础。根据规定，中学教师的专业标准包括政治道德品质和生活方式、了解教育对象和环境的能力、教学能力、教育能力、政治社会活动能力、专业发展能力六个方面，并细化成 25 个指标以及达标的程度（达标或不达标，达标又分为出色、良好、中等）。该标准详细地规定了教师的道德、生活方式、作风、与学生和同事的相处问题，并将其视为评价的首要专业标准。教师要爱护、尊重和公平地对待学生，帮助学生克服困难。同时，标准规定初中教师必须具备教师资格证书、大专及以上文凭；高中教师，则必须具备教师资格证书、本科及以上文凭。2012 年，越南开始进行第一次全国范围的教师质量评估以及职业资格证书的发放。

越南对于中小学教师在职培训采取了一系列激励政策，旨在鼓励教师积极参与培训。一是提升教育教学能力。通过在职培训，教师可以学习到新的教学理念、方法和技能，提升自己的教育教学能力。这将有助于他们在教学中更好地应对挑战，提高教学质量。二是增加职业发展机会。参与在职培训的教师将有机会获得职业发展的机会，培训成果和表现可以作为教师晋升、评定职称的重要依据。三是提供培训津贴。为了减轻教师在职培训的经济负担，越南政府或学校会提供一定的培训津贴，以鼓励教师参加各种培训活动。四是增强职业认同感和归属感。在职培训不仅有助于教师的个人发展，还能增强他们的职业认同感和归属感。通过参与培训，教师可以感受到学校和教育部门的关心和支持，从而更加积极地投入到教育教学工作中。

3 结语

越南基础教育的发展历程和上述特点，可以为其他国家提供有益的参考和借鉴，对其他国家教育政策制定与改革方向的明确、教育实践与教学方法的创新、教育公平与资源分配的改善以及国际交流与合作的促进等方面都具有重要的比较意义。

参考文献

蔡昌卓，2014. 东盟基础教育 [M]. 桂林：广西师范大学出版社 .
黎巧萍，2005. 八月革命后越南中小学教育的改革与发展 [J]. 东南亚研究（5）：90-91.
李枭鹰，韦洁璨，2012. 越南高等教育政策法规 [M]. 桂林：广西师范大学出版社 .
刘捷，罗琴，2023. 越南文化教育研究 [M]. 北京：外语教学与研究出版社 .
解桂海，2021. 越南国情报告（2020）[M]. 北京：社会科学文献出版社 .
NGUYEN Q T，2015. 中越基础教育课程管理体制的分析与比较研究 [D]. 武汉：武汉大学 .

作者简介

刘捷，北京外国语大学外语教学与研究出版社编审、兼职教授、教育学博士。主要研究领域：外国教育史、比较教育、越南教育。电子邮箱：liujie@fltrp.com。

中国境外劳工权益保护研究
——以“一带一路”建设为视角

［柬埔寨］孟周

摘 要：“一带一路”建设是中国进入开放性经济全球化、区域和双边共赢战略的桥梁。在此框架下，各国劳务流动的数量陆续增加，其中派遣到境外的劳工数量持续攀升。然而中国现行的劳动法缺少关于驻外劳工的权益保护规范，与共建国家签订双边社会保障协定亦较少。有鉴于此，笔者认为应加强境外劳工社会保障的观念与意识，尽早建设国际层面的劳工社会保障合作机制。由于双边社会保障协定目前是国际上最为典型和最有效的国际合作机制，笔者建议推动与“一带一路”共建国家签订双边或多边社会保障协定。

关键词：“一带一路”；境外劳工；劳工权益；社会保障；双边社会保障协定

The Research on the Chinese Expatriate Workers' Social Security Rights and Interests Under the Background of "The Belt and Road"

Chou Meng

Abstract: The construction of "The Belt and Road" is the bridge to entering the new era of the economic globalization, regional, and bilateral win-win strategy of China since its new reform and opening-up policy. Under this new framework, the number of labor flows in various countries has been increasing, and the number of the expatriate workers dispatched by China to overseas countries continues to rise yearly. China's current labor law system has not yet regulated the protection of social security rights and interests of overseas Chinese workers, nor has China signed bilateral social security agreements with every partner country along the Belt and Road. Based on this trend of protecting mechanism of the rights and interests of the expatriate workers, the Chinese government should strengthen the concept and meaning of expatriate labor social security, and build an international level of labor social security cooperation mechanism as soon as possible. Bilateral Social Security Agreements are the most typical and effective mechanism in international social security cooperation. Therefore, in order to strengthen the protection of expatriate workers' rights and interests, it is of great significance to promote bilateral or multilateral social security cooperation agreements.

Keywords: "The Belt and Road"; expatriate workers; workers' social security rights and interests; cooperation agreement; bilateral social security cooperation agreement

1 引言

2013 年 9 月和 10 月，中国国家主席习近平在访问中亚和东南亚国家期间，先后分别提出共同建设“丝绸之路经济带”和“21 世纪海上丝绸之路”两大倡议，简称共建“一带一路”（The Belt and Road）倡议（习近平，2014）。该倡议目前已带动中国与共建国家在经济、贸易、法律等多方面的合作，且已成为中国当前极为重要的国际经济合作渠道。该倡议是中国新时代政府兼顾地区经济的发展战略、面对全球的经济合作开放、自由化的新举措，也是督促地域一体化、建设世界新时代的经济繁荣理念（彭何利 等，2015）。截至 2023 年 6 月底，中国与五大洲的 150 多个国家、30 多个国际组织签署了 200 多份共建“一带一路”合作文件（中华人民共和国国务院新闻办公室，2023）。

为了建设“一带一路”，中国政府及其相关部门制定了一系列规划、法律和行政法规。例如，2015 年 3 月 28 日，中国国家发展和改革委员会、商务部和外交部联合发布《推动共建丝绸之路经济带和 21 世纪海上丝绸之路的愿景与行动》；2017 年 6 月，中国国家发展和改革委员会、国家海洋局联合发布《“一带一路”建设海上合作设想》。2017 年 5 月 10 日，促进“一带一路”建设的工作领导小组办公室也发布了重要文件，即《共建“一带一路”：理念、实践与中国的贡献》，文件指出，自“一带一路”建设至 2016 年底，中国企业与“一带一路”20 个共建国家签署了 56 个经贸合作区项目，投资总额超过 185 亿美元（陈虎，2017）。2023 年是中国国家主席习近平提出“一带一路”倡议十周年，这十年来“一带一路”倡议硕果累累。总结起来，2024 年 4 月中国在“一带一路”共建国家投资合作的非金融类总额为 777.7 亿元人民币，同比增长了 20.4%。另外在承包工程方面的新签承包工程合同总额为 3862.9 亿元人民币，同比增长了 17.7%（中华人民共和国商务部，2024a）。

在“一带一路”倡议下，中国亦实施了“走出去”和“引进来”，且前者的趋势更为明显。跟随着“走出去”这一战略，通过与境外的投资合作、承包工程等多种经济合作方式，中国劳工输出境外的数量也日益增多。2015 年中国对外劳务派出各类劳务人员总共有 102.7 万人，此外在 2017 年 12 月底，中国派出的人员已达到 902.2 万人次（中华人民共和国商务部，2019）。2024 年 1—4 月，中国企业总共新派出各类劳务人员 55.3 万（中华人民共和国商务部，2024b）。“一带一路”的建设不仅是中国的对外开放、区域经贸合作、经济共同体繁荣之路，更是劳务服务扩展之路。

随着“一带一路”建设的不断扩展，今后中国企业派出劳务人员到境外的数量也将日益庞大。然而，派驻境外的劳工人员的权益保护，尤其是社会保障制度尚未得到有效关注。基于此，要使“一带一路”建设长期有效地发展，加强保护境外劳工的合法权益，中国不仅应优化国内法律机制，更应在境外劳工权益保护机制方面加强与共建国家协商合作。

2 “一带一路”建设下中国驻外劳工面临的权益保障问题

2.1 驻外劳工的保费缴纳：双重缴费的负累

自“一带一路”倡议提出以来，中国与共建国家的合作项目日益增加。中国派遣劳工到境外任职的数量因合作项目的增加而日益庞大，驻外劳动权益保护的问题也引发了关注。因很多共建国家的社会保障制度尚未完善，且中国与共建国家的有关社会保障的双边合作较为有限，所以派遣到境外的劳工的社保权利在很大程度上无法实现。对驻外劳工而言，在没有双边社会保障协定的情形下，员工与用人单位应按照当地的法律缴纳社保费。也就是说，一个员工同时处于两地的社保范围内，两地的法律都要求该员工按照收入的比率缴纳社保费。[①] 这种双重缴纳社保费的成本对员工而言是一种沉重的负担。负担双重社保的外籍员工，通常不会因向东道主地缴纳社保费而获得任何额外的社会保障。即使该员工已在外任职且居住多年，其雇佣的期限在很大程度上也不足以使他获得该东道主地居民所能获得的同等社保福利（Butcher et al.，1988）。换言之，他虽然缴纳了社保，但实际上一无所得。

驻外员工还会面临的另一个问题是，因为他们通常会中断其在原居住地的社会保障缴费年限积累，所以当被派遣到一个或多个国家和地区任职时，可能会遭受福利保护的损失。如果一个员工在驻外之前，在原居住地工作的时间尚未达到当地社会保障计划的最低社保期限要求，那么将会丧失取得社保福利的资格。同时，若在派驻地的任职期限达不到派驻地社保时限要求，可能无法获得必要的社保额度及该地的相应福利（李文沛，2017）。

2.2 驻外劳工社保法律机制的缺陷

投资境外企业派遣大量员工有两个重要意义：其一，大多数“一带一路”共建

① 即根据他赚取收入的一定比率向两国支付了双重社会保障税（个人所得税）。

国家都属于发展中国家，缺乏专业人士和高科技人才，并且还存在极大语言沟通障碍；其二，员工可以积累工作经验。大多数中国企业，包括国有企业都会将一些员工派遣到境外任职几年，获得国际经验后才考虑将他们提升到企业的高级管理岗位。

派遣劳工到境外带来了劳工权益保护的一个国际性新问题，因为涉及多地的法律问题（法律管辖权及法律适用的界限）(常凯，2011)。境外劳工权益保护的法律基本上都是依据国际组织和主权地的立法规定，在很大程度上，双边的法律和司法合作发挥着巨大的作用。虽然这一问题已得到中国政府的重视，但到目前为止，有关驻外劳工权益保护的立法尚未实现。不过，中国商务部和有关部门也制定了许多涉外劳工权益保护的专门法规和规章，包括 2001 年的《对外劳务合作备用金暂行办法》(已废止)、2002 年的《境外就业中介管理规定》、2002 年的《办理劳务人员出国手续的办法》、2003 年的《关于修改对外劳务合作备用金暂行办法的决定》、2003 年的《关于处理境外劳务纠纷或突发事件关于问题的通知》、2004 年的《对外劳务合作经营资格管理办法》、2005 年的《对外劳务合作经营资格管理办法（补充规定)》，以及 2012 年的《对外劳务合作管理条例》等法规。但总体而言，这些法规规章主要是规范劳工的输出而已，并没有涉及关于劳工的社会保障规范。[①] 再如 2011 年的《中华人民共和国涉外民事关系法律适用法》，该法的主要目的也是解决涉及境外劳工纠纷的法律适用，其规范的是劳动合同纠纷发生时应适用何地的法律来解决问题（例如，适用工作地法律还是用人单位营业地的法律或者劳务派出地的法律等问题)。这些法律法规都没有明确规范被派遣到境外的劳工是否应继续在原居住地缴纳保费、缴纳保费的比例是按照原居住地法律还是按照工作地法律、如何预算劳工的社保福利等问题，这类问题在中国仍处于法律空白阶段。现行的规章制度在调整模式和运行机制上都未设置应对驻外劳工权益保护的解决方案。这一法律调整的疏忽，会导致数万驻外的劳务人员无法兑现自己的社保福利。中国作为“一带一路”建设的倡导者及劳动力输出大国，应尽早制定有关驻外劳工社会保障的专门法律规定。

2.3 国际及双边合作程度有限

中国“一带一路”建设的重大项目不仅促进了新时代全球化的经济发展、基础设施的建设、多层面文化交流，更是劳务合作和劳动力自由流动的一个新型平台。派遣劳工到境外所形成的劳动关系具有特殊性质：一是涉及多地的法律适用；二是经济、政治、文化环境的多元化；其三，这一劳动关系不仅影响到企业的

① 这些现行规范整体上表现出立法主体分散、具有较低的法律层级、而立法的内容亦较粗略、较重视规章而轻视法律法规的特点。参见李文沛（2017)。

利益，[1]更影响到员工的福利、国家利益与国际利益（沈琴琴 等，2013）。涉外劳工权益的保护机制分为两种：第一种是由国际劳工组织制定的规章或其运行指南的建议文件；[2]第二种是国家之间或地区之间的合作协定。其中后者在国际上早已得到普遍认同及通行操作，且能实现劳动权益保护的程度较高，[3]比制定全球化的统一标准规则更有包容性和针对性（李文沛，2017）。这一做法也得到中国学者的高度关注及肯定。中国政府亦非常重视双边合作协定的做法，目前与部分国家签订了劳务合作协定，但依然存在合作国家数量少，协定内容不细致、不全面等问题。另外，大多数双边或多边劳务合作协定很少涉及境外劳工的社会保障。迄今为止，中国只与6个国家签订有关境外劳工社会保障的合作协定（Chu，2016），其中有三个是欧盟成员，即2001年中德间的社会保障协定、2005年的中国与瑞士间的社会保障协定和2016年的中荷间的社会保障协定（Pennings，2018）。

3 构建驻外劳工的权益保护机制：双边合作

3.1 双边社会保障协定的性质

双边（或多边）社会保障协定（Bilateral Social Security Agreement）是缔约双方之间的派遣劳工协议，它的宗旨是协商双方有关移民劳工（包括被派遣到海外和个人移民到海外）的政策及工作期限问题（Pennings，2018），目的是保障双方顺畅的经济流动、劳务合作和规范社会保障机制（Strban，2018）。双边社保保障协定始源于20世纪初的欧洲大陆，最早的双边社会保障协定由法国和意大利签订。该协定确保了驻外劳工可获得社保福利的权益，通过双方协商适用互惠原则并对社保覆盖范围达成一致后，驻外的劳工可以在东道国缴纳社保费且在母国正常获得社保福利（Butcher et al.，1988；Strban，2018）。

双边社会保障协定在美国通常被称为总体化协定（Totalization Agreements），具有两个特殊功能：其一，去除双重社会保障费（缴纳社保税费），也就是说当一个员工被派遣到海外工作时只需要向一个国家提交社保费（根据协议可向母国或东

---

① 派遣员工到境外工作的公司通常要保证此派遣不会减少员工的税后收入，所以公司需要掏出一部分资金为员工向工作所在地缴纳税费（包括社保费）。

② 目前中国对国际劳工组织制定的其核心劳工标准只批准四项。鉴于国际劳工标准数量较少及其执行效果不是很理想的原因，中国与国际劳工组织的合作发展比较缓慢，多数国家在劳务合作方面对中国设置了很多的障碍，参见王辉（2016）。

③ 多年来，国际劳工组织已经鼓励其成员之间缔结国际社会保障协议。国际劳工组织还制定了两项关于移民工人权利保护的公约，即在1935年通过的第48号公约关于《1935年维护移民恤金权利公约》，该公约建立了对老年工人以及残疾工人的保险金和其他福利的制度；另外，在1982年通过的第157号公约关于《1982年维护社会保障权利公约》建立了适所有形式的社会保障（包括缴费和非缴费）的协调制度（Butcher et al.，1988；Pennings，2018）。

道国其中一方缴纳社保费)；其二，填补社会保障的缺口，如果一个员工刚在母国任职不久就被派遣海外任职，则通过此项协议该员工在东道国缴纳的保费也同样被视为在母国缴纳。

3.2 比较法上的双边社会保障协定：以美国为例

自 20 世纪 20 年代初开始，伴随着劳工自由化浪潮在欧洲地区汹涌，涉外劳工的权益保护思想也应运而生。很多欧洲国家都开始进行谈判，签订双边劳工社会保障的合作协定。在 1919 年，意大利和法国之间通过协商谈判，正式签订了双边社会保障协定。随后，西欧和中欧国家几乎都签订了此协定。作为国家间的劳工社保合作机制最为有效的成果，此做法不断地被其他国家和地区采纳。另外，许多欧洲国家也开始采取多边合作（Multilateral Agreements）的方式（Butcher et al.，1988)。至于双边（或多边）社保合作协定的作用与功能，在国际层面已有较为成熟的协定规范样板与经验。下文将针对美国关于双边社保合作的机制予以研究，为中国有关涉外劳工社保合作机制的构建提供参考。

3.2.1 双边社保协定机制在美国的演进历程

美国的双边社保协定经过三个发展阶段。第一阶段在第二次世界大战之后签订。二战之前美国也与其他国家签订双边协议，但这些协议的主要目的只不过是确保劳工受工伤后能获得赔偿的权利。1948 年美国与意大利签约的“友谊、商业和航行条约”（The Treaty of Friendship，Commerce and Navigation，FCN）则确保了驻外劳工的社保权益，包括养老保险金、生存保险金和残疾保险金，并且所获得的条件不低于本国的公民（Jackson et al.，2018；Butcher et al.，1988)。1948—1956 年，美国亦与另外 7 个国家签约相似的协定，包括德国、爱尔兰、以色列、日本、希腊、荷兰和尼加拉瓜。①第二阶段是补充条约的协定。1951 年美国和意大利进一步签署了 1948 年条约（FCN）的补充条约。为了确保双方劳工派遣到境外的社保权益、确定获取社保福利的资格，美意双方同意合计双方劳工的社保费缴纳期（保费额度)。②但该补充条约在 1953 年才被美国参议院批准，直到 1961 年才生效。这项补充条约是美国在国际社保合作方面迈出的第一步（Butcher et al.，1988)。第三阶段是 1973 年的双边社会保障协定，即“总体化协定（Totalization Agreement)”。根据美国的法律，所有能在美国执行和生效的协定必须经国家授权立法批准通过，③因此，由于当时还没有先例或特定的授权立法，1951 年美国和意

① 与荷兰签约的协定只确保生存保险金；与尼加拉瓜的协定早已在 1986 废止。

② 1951 年补充条约第 7 条规定。

③ 以条约形式而签订协议应获取美国宪法的允许即批准，并需要参议院三分之二的赞成票才能通过。

大利签约的补充协议（1951 年 FCN 补充协定）在美国含义模糊。于是，1973 年美国和意大利又签署了“总体化协定（Totalization Agreement)”，这也是美国与外国签署的第一个总体化协定。该协定签署后就被意大利批准和执行，但美方因为国会尚未授权立法，迟迟无法执行（Jackson et al.，2018)。此后，经过多番激烈的辩论审议，《美国社会保障法》修正案于 1977 年被国会批准通过，该修正案的其中一项是规范授权立法的规定。该法授权国家总统有权与其他国家签约总体化协定，不需要通过参议院的全体批准（Butcher et al.，1988)。

也就是说，尽管双边社会保障协定早已在西欧地区普遍适用，但美国直到 20 世纪 70 年代初期才开始使用。自从 1973 年与意大利签约双边社保协定后，十年之内美国与其他 11 个国家签约双边社会保障协定，并在 20 世纪 90 年代初期与荷兰和奥地利签约协定（Barry，1990)。

3.2.2 美国双边社会保障协定的性质与功能

美国总体化协定的宗旨是保护驻外劳工的权益，具体分为两个大目标。第一个是取消双重缴纳社保费的重负。总体化协定确保一个劳工被派遣到海外时不需同时在母国和东道国缴纳社会保险。该协议的规定并非意图改变一个国家的基本社会保障范围，比如总体收入可纳入保费的缴纳范围及其缴纳比例，而是经双方协商，将征收社会保障税费的权利转给予其中一个国家（Barry，1990)。第二是总体化劳工在美国或者其他国家所缴纳过的保费。通过该协定，如果一个美籍劳工在美国工作了一些年并缴纳了保费，但尚未满足可获得社保福利的要求，此后被派遣到了海外工作并在东道国缴纳了社保费，那么在此情形下美国社保局会将劳工在两国劳动的社会保障覆盖期合计起来，以使他们满足可获得社保福利的条件（Barry，1990)。简言之，美国的双方社保协定采取了“总体化”规则，允许驻外劳工将他们在两国的社会保障覆盖期（已缴纳保费）合并计算，确定了驻外劳工可获社保福利的条件。

综上所述，美国签署该协定减少了驻外的美国劳工、驻外并雇佣美国劳工的美国企业以及美国境内的外籍劳工权益的不确定性。这项协定受到很多美国企业欢迎，因为它给予企业巨大的利益，即免除了雇主支付双倍社会保障税的义务（Chu，2016)。美国社会保障管理局国际项目组的研究显示，总体化协定每年可以为美国企业和美籍劳工节省大约 15 亿美元。这些节约的税收有助于美国企业在全球各地的商业运营变得更加可行，同时亦加强了美国在全球的贸易竞争力。除此之外，总体化协定还免除了临时派往美国的外籍劳工缴纳美国社保费的责任，外籍企业和外籍劳工每年亦可节省大约 5 亿美元。这些税收节省有利于吸引更多的外资企业，从而鼓励及带动了大量外商直接投资美国（Jackson et al.，2018)。

3.3 构建中国国际协调机制：签署双边或多边社保协定

自二战之后，劳务移民已成为全球化的问题，劳务纠纷处理和劳工权益保护亦受世界各国的重视。输出或输入劳工牵涉到双方的主体权益，因此国际合作对劳工管理和权益保护具有重大作用（吕国泉 等，2014）。中国政府也非常重视驻外劳工的合法权益保护（花勇，2016），但由于中国国内相关法案仍存在一定空缺，并且大多数都是规范涉外劳务关系和解决劳务纠纷、涉外劳务合同及权利救济制度等，尚未关注到劳工的社会保障权益。值得一提的是，被派遣到境外的劳务具有跨境特征，亦是国际化的问题，因为它涉及两地或多地的司法和法律适用的管辖权（常凯，2011），它并非依靠单方法律能够调整和解决的，而需要相关地之间的法律来调整。因此在国际上最为普遍使用的、也最为有效的做法是由双边或多边之间协商签订的合作协定来解决（吕国泉 等，2014）。很多中国学者也提出了使用双边或多边合作协定解决驻外劳务的问题，[①] 但尚未提出社保合作协定。

为保障日益增长的劳工在境外的社保权益，中国有必要加强与相关地进行谈判，签署较全面和完善的双边或多边合作协定。在顶层合作层面上加强与完善双边或多边社会保障合作协定具有两大重要意义，即保障驻外劳工社保权益，同时有利于中国强化在国际外交层面上的战略。

3.3.1 有效保障驻外劳工的社保权益

中国政府已在积极地与其贸易合作国家开展双边合作（社保协定）谈判，目前已与一些国家签约。中国与其 6 个贸易合作国家签订双边社会保障合作协定，包括澳大利亚、俄罗斯、英国、德国、韩国和瑞士（Chu，2016；孙国平，2013）。中国采取的协定与欧美协定具有相似之处，原则上是确保中国劳工派遣到境外或国际派遣到中国的劳工不受双重社会保障缴税的约束。但中国与大多数贸易合作国或区域（例如美国、东盟等）都没有签署协定和总体化条款（Totalization Provisions）（Brown，2015；Chu，2016）。

从当前的情势来看，中国应积极与共建国家进行谈判并签署劳工社保合作协定。双边社会保障协定将确保驻外中国劳工的社会福利，最大限度地提高他们的收入。在没有社保协定的情况下，中国劳工都会面临两个主要问题：其一，被派遣到境外的劳工需同时向两地缴纳社保税费，收入减少；其二，一些国家和地区的社会保障制度仍处于发展中的状态，工人可获得的社保福利很难得到保障，例如在一些

① 吕国泉、李嘉娜、淡卫军等（2014）在他们的文章中提出了建立劳务输出入的国际合作协定，李文沛（2017）在他的《“一带一路”战略下境外劳动者权益保护的法律系统建构》文章中也指出加强与其相关国家签订劳务合作协议，花勇（2016）在他的《“一带一路”建设中海外劳工权益的法律保护》一文中亦指出中国应与“一带一路”共建国家签订境外劳务权益保护的条约。

东盟国家[①]和非洲国家。双边社保协定可解决上述问题，且劳工可享有两地的社保权利（两地都承认和保护工人的社保福利）。此外，经总体化的规则，中国劳工可将两地所缴纳税费期合并起来，达到可获取社保福利的期限。[②]

3.3.2 强化中国外交的战略

"一带一路"建设不仅是经贸合作的共建，更是国际关系的深度交往（外交政治、人文及文化交往）。中国以"共建、共商和共享"的态度与"一带一路"共建国家共享自己的发展经验，努力建立外交互信，实现各国间的合作共赢、优势互补，构建人类命运共同体和建立可持续的共同发展（汪长明，2018；欧阳康，2018）。这已成为中国的新国际关系理念，并且已获得国际社会的高度肯定。因此，中国进一步加快与共建国家签署双边或多边的社会保障协定，不仅会推动双边的劳务合作更上一层楼，还将帮助中国取得更大的政治与外交优势。例如，2001 年 7 月中国与德国签署了《中华人民共和国与德意志联邦共和国社会保险协定》，随后中德两国不断扩大各方面合作，包括学术研究领域、高科技及创新等领域。双边社会保险协定表明了中国非常愿意及欢迎与全世界共建合作，有助于促进国家层面上的长期合作及推动其他领域的合作，有利于两国互相信任（Chu，2016）。

4 结语

在现代社会的发展中，社会保障制度已成为国家建设进程的重要内容。社会保障的主要功能是提高国民的生活质量，促进社会稳定和社会的可持续发展。社会保障制度不仅服务于国民，更是劳动者的保护伞。中华人民共和国成立以来，中国的社会经济发展取得了极大的成就，国家对劳动者的权益保护也有了较深刻的认识，实现劳动权益保护是必然之路。在"一带一路"建设的推动之下，中国的对外经贸合作取得了巨大成就，也受到了联合国、欧盟、非盟、东盟及其他区域很多国家和组织的欢迎。各国劳工流动的数量陆续增加，其中中方派遣到境外的劳工数量不断攀升。但迄今为止中国与共建国家就双边社保合作的协定签署数量较少，无法实现所有驻外劳工的权益保护。鉴于此，与共建国家签署双边劳工社会保障协定具有重大意义与价值。为确保驻外劳工的权益，造福于工人，减少劳工的双重社保费负担以及进一步加强外交合作战略，中国应尽可能与共建国家签署更多的双边社会保障协定。

---

① 至 2019 年年中，中国对"一带一路"共建国家的主要投向是亚洲地区，尤其是东盟国家。参见张协奎等（2015）。

② 根据《中华人民共和国社会保险法》，退休人员领取养老金的前提条件是需要社保缴费 15 年。

参考文献

常凯，2011. 论海外派遣劳动者保护立法 [J]. 中国劳动关系学院学报（1）：41.

陈虎，2017. “一带一路”背景下海外投资保险制度的构建 [J]. 湘潭大学学报（哲学社会科学版），41（4）：76.

花勇，2016. “一带一路”建设中海外劳工权益的法律保护 [J]. 江淮论（4）：116-119.

李文沛，2017. “一带一路”战略下境外劳动者权益保护的法律系统建构 [J]. 河北法学，5（6）：80-83.

吕国泉，李嘉娜，淡卫军，等，2014. 中国海外劳务移民的发展变迁与管理保护——以移民工人维权和争议处理为中心的分析 [J]. 华侨华人历史研究（1）：13-15.

欧阳康，2018. 全球治理变局中的“一带一路”[J]. 中国社会科学（8）：9.

彭何利，毛勇，2015. “新丝绸之路经济带”的国际法治构建 [J]. 法学杂志（8）：60.

沈琴琴，刘文军，2013. 中国境外企业劳动关系调处机制研究 [J]. 中国青年政治学院学报（2）：103.

孙国平，2013. 我国海外劳工法律保护之检视 [J]. 时代法学（2）：68.

汪长明，2018. “一带一路”的开放性和共享性 [J]. 甘肃社会科学（6）：70.

王辉，2016. 我国海外劳工权益立法保护与国际协调机制研究 [J]. 江苏社会科学（3）：160-161.

习近平，2014. 习近平谈治国理政 [M]. 北京：外文出版社：287-295.

张协奎，刘伟，黎雄辉，2015. 东盟国家的工伤保险制度 [J]. 广西大学学报（哲学社会科学版），37（5）：77-79.

中华人民共和国国务院新闻办公室，2023. 共建“一带一路”：构建人类命运共同体的重大实践 [EB/OL].[2023-10-10]. http://www.scio.gov.cn/gxzt/dtzt/49518/32678/.

中华人民共和国商务部，2019. 中国对外劳务合作发展报告（2017—2018）[EB/OL]. [2024-06-24]. http://fec.mofcom.gov.cn/article/tzhzcj/tzhz/upload/dwlwhz2017-2018.pdf.

中华人民共和国商务部，2024a. 2024 年 1—4 月中国对“一带一路”共建国家投资合作情况 [EB/OL].[2024-06-24]. http://www.mofcom.gov.cn/article/tongjiziliao/dgzz/202405/20240503513550.shtml.

中华人民共和国商务部，2024b. 2024 年 1—4 月中国对外劳务合作业务简明统计 [EB/OL].[2024-06-24]. http://www.mofcom.gov.cn/article/tongjiziliao/dgzz/202405/20240503513548.shtml.

BARRY L P, 1990. International social security agreement increase income for overseas employers[J]. Journal of Accountancy, 179 (1) : 111-116.

BROWN R, 2015. Measuring China’s social insurance law under international standards of international labor organization and influences of social dimension provisions of free trade agreements and bilateral investment treaties[J]. Hong Kong Law Journal, 45: 655-657.

BUTCHER P, ERDOS J, 1988. International social security agreement: the U.S. experience[J]. Social Security Bulletin, 51 (9) : 4-12.

CHU E, 2016. Uncertain costs, unclear benefits: China’s social insurance system and foreign workers[J]. Boston College International and Comparative Law Review, 39 (2): 361-385.

JACKSON B W, CASH S, 2018. Social security totalization agreements[J]. Social Security Bulletin, 78 (4) : 1-11.

PENNINGS F, 2018. National approaches of EU member states in concluding bilateral social security agreements with third countries: the case of the Netherlands[J]. European Journal of Social Security, 20 (2) : 162-172.

STRBAN G, 2018. Member states' approaches to bilateral social security agreements[J]. European Journal of Social Security, 20 (2) : 129-147.

作者简介

孟周（Chou Meng），柬埔寨籍，上海交通大学博士研究生。主要研究领域：保险法、社保法、比较法。电子邮箱：choumeng77@yahoo.com。

政经耦合视角下的中印尼绿色能源合作

陈鉴希　周士新

摘　要：近年来，中国与印尼在绿色能源领域合作的规模越来越大。不论是中国还是印尼，在合作过程中，政治与经济目标相互推动，结合度越来越高，推动两国合作日益深入，契合度也越来越高。两国稳定的政治外交关系为合作奠定了良好基础，日益密切的经济关系为合作提供了持续性动力。因此，两国在绿色能源领域的合作呈现出覆盖范围较广、合作方式较多、与其他项目开发成套性较强、政治与经济动力互动较强、参与国家和主体较多等特征。相关资源的持续性开发、印尼营商环境得到了改善、两国互信关系有所提升，但也受一些域外国家干预风险等影响。中国和印尼在加强相关合作的过程中，顺应时代潮流，契合两国实际克服一些难以避免的挑战，必将推动中印尼政经关系的耦合性发展。

关键词：绿色能源；中国；印尼；合作；政治经济逻辑

Nexus of Political and Economic Perspective on China-Indonesia Green Energy Cooperation

Chen Jianxi and Zhou Shixin

Abstract: In recent years, China and Indonesia have carried out a large-scale green energy cooperation. In the cooperation, both Indonesia and China has economic and political goals, and the combination of political and economic goals has put the cooperation going forward. The cooperation shows the characteristics of broad coverage, various ways, integration with other projects, political and economic interaction, and multi-country and multi-subject participation. During the cooperation, relevant resources have been developed, business environment in Indonesia has been improved, and mutual trust between the two countries has been enhanced, but it is also face risk of interference by non-regional countries. There is sufficient momentum for the cooperation, but there is also inevitable resistance. In fact, China-Indonesia green energy cooperation projects will continue to move forward, but Indonesia will not stop cooperation with other countries.

Keywords: Green energy; China; Indonesia; cooperation; political and ecology logic

近年来，中国与印尼逐渐加大了在绿色能源领域的合作。最典型的案例是，2023 年 11 月 9 日，由印尼国家电力公司和阿布扎比未来能源公司合资开发，集团华东勘测设计研究院有限公司总承包，中国电建承建的奇拉塔（Cirata）漂浮光伏项目竣工并实现并网发电。这个项目是印尼首个，也是东南亚最大的漂浮光伏项目，总装机容量达 192 兆瓦（驻印度尼西亚共和国大使馆经济商务处，2023）。中企主要负责光伏场区及 150 千伏升压站和送出线路等的建设，以及对侧间隔扩建工程等的设计、采购、施工总承包以及运营维护等工作（徐伟，2021）。这个项目的落成不仅有助于印尼实现国家电力基础设施建设加速计划，提高可再生能源占比的目标，对印尼实现碳中和目标具有战略性意义（李冠霖 等，2023），而且能有力提升当地就业和社会福利水平、推动地区经济发展（驻印度尼西亚共和国大使馆经济商务处，2023）。中印尼企业在绿色能源领域的合作是互补互利的，未来可能进一步拓展双方在更多新兴产业上的合作（胡慧茵，2023）。为此，本文试图探讨以下问题：推动中国与印尼展开绿色能源合作的动力到底是什么？

1　问题缘起和文献回顾

绿色能源合作可以放在更广阔的视域下进行阐述和分析。斯特兰奇（2005）指出，能源十分重要，也是一种次级权力，与国家安全存在密切联系，可以视作结构性权力的重要一环。它可以通过生产、安全、金融和知识四种权力体系影响国家、市场及两者间的互动关系。随着全球治理议题的演进，绿色能源合作已经成为全球能源转型大背景下的新常态。例如，展开跨国绿色能源合作是中国式现代化的关键一环（张晓明 等，2023）。然而，中国与印尼在相关领域合作的文献并不是很多。主要原因有以下三点。

第一，印尼绿色能源合作的投融资来源往往排除中国。例如，除了自行筹资建设外，印尼绿色发电项目的重要资金来源是由七国集团（G7）组建的“公正能源转型伙伴关系”（JETP，Just Energy Transition Partnership）项目、气候投资基金下的加速能源转型（CIF-ACT）项目、亚洲开发银行能源转型机制（ADB ETM）和印尼能源转型机制国家平台（ETMCP）等（市场资讯，2023）。其中，JETP 和 CIF-ACT 都存在赠款问题，JETP 由国际合作伙伴集团（IPG）[①] 提供赠款（Anon，2023a），但 CIF-ACT 并未指明赠款来源（苏亭 等，2023）。其他资金来源基本上是私人资金和多边开发银行（法朗，2023）。然而，受相关国家国内政治的影响，由 JETP 提供的资金存在避免中方参与的动机：相关资金有源自西方国家的公共资金

① IPG 指由美国和日本领导的国际合作伙伴集团（IPG），成员包括丹麦、英国、意大利、德国、加拿大、挪威、法国和欧盟其他国家。

赠款（Anon，2023b），如果相关资金能够较为容易地查出与中国有关，可能会在公众意识中构建以本国公共资金“资助”中国的印象，对相关国家的政府决策和人事产生不利影响。受此影响，一些多边开发性银行资金也会选择尽量少地显示与中国有关。

第二，受各种因素影响，目前中国对外基建绿色标准被认为仍存在较大发展空间，这导致中企参与的部分绿色能源项目的最终效益可能会受到影响。基建的绿色程度往往会影响相关项目的评估。杰茜卡・廖（Jessica C. Liao）认为，中国对外基建项目的绿色程度不足，相关项目对全球环境治理最终会造成不良影响（Liao，2022）。中国领导人在 2021 年联大会上宣布不再新建境外煤电项目（习近平，2021），而在建的部分燃煤电站直到2023 年才正式投入运营（中国一带一路网，2023）。针对中国投资建设能源项目的负面论述对有中企直接参与的绿色能源项目会产生不利影响。由于存在不良记录，部分项目在环境评估和核定减排量等指标上需要补足更多材料，影响评估和验收进度。如果核定减排量较预估的少，则可能影响项目收益。

第三，地缘纷争和经济民族主义可能影响相关项目的进一步开发。例如，印尼在加强自主经济体系的建设，试图提高印尼在全球和地区产业链中的地位。然而，在绿色能源领域展开较大规模的外资投资项目会影响印尼对相关资源的掌控能力，对印尼在绿色能源产业链中的地位提高影响有限，使印尼发展战略和实际经济运行出现偏差。与外企进行绿色能源合作与印尼将本国建设成有声有色的区域大国的战略存在一定张力，甚至存在降低印尼在产业链中地位的风险。因此，印尼政府提出了镍全产业链政策，试图通过对关键矿产的出口管制，完善本国绿色能源产业链，推动本国发展，体现出印尼在产业链层面上有向上下游扩展的强烈动机（范家麒，2023）。

然而，即使存在如此多的问题，印尼与中国在绿色能源领域的合作依然较为可观。除去前述的奇拉塔漂浮光伏项目外，还有上西索凯抽水蓄能电站（中国能源建设集团有限公司，2023）、苏拉威西 315 兆瓦水电站（韩武，2023）、森巴孔 250 兆瓦水电站（中国一带一路网，2022）、印尼卢穆特巴莱二期 55 兆瓦地热项目（王春磊 等，2022）、印尼 Poso-3 水电站（陈玉妍 等，2021）等。

此外，有关东南亚地区能源合作的相关文献也比较多，部分特别探讨了印尼开展绿色能源开发的背景。韦红等（2016）指出，鉴于印尼能源开采技术低下、能源产品低级单一、能源过度开发，印尼政府调整了其能源政策。她同时认为，印尼实行实用主义的外交政策，力求在独立自主和实用主义间保持平衡（韦红，2022）。刘磊等（2017）指出，印尼具有发展清洁能源的良好条件。面临气候变化、国内能源需求增长的实际情况，印尼政府提出了一系列的发展计划。然而，美中不足的是，相关文献尽管倾向于能源合作，但并没有分析印尼为何会与中国展开合作。

根据相关资料，印尼绿色能源储量丰富，可开发潜力大（见表1）。

表 1　印尼可再生能源资源潜力及开发情况

可再生能源类别	资源潜力 /MW	已开发装机 /MW	利用率 /%
地热	29544	2343	7.9
水能	75091	6689	8.9
生物质能	32654	3005	9.2
太阳能	207898[4.80kw・h/(m^2・d)]	291	0.1
风能	60647（≥4m/s）	154	0.3

（数据来源：IRENA，Renewable Capacity Statistics 2023）

部分文献指出，中国与东盟国家间在绿色能源领域存在较大合作空间。张睿宁等（2022）指出，中国与东盟国家有开展能源合作的潜力。丛威等（2018）指出，中国－东盟能源互通有很大的潜能。厄尔迪万夏等（Erdiwansyah et al.，2019）认为，目前东盟国家仍然有较大份额的电力需求依赖传统化石能源，社会、政治和经济压力阻碍了可再生能源政策的落实。张锐等（2021）指出，东盟国家在发展绿色能源上“有心无力”。冯天天等（Feng Tian-tian et al.，2020）指出，中国与东盟国家在能源领域优势互补，存在较多合作机会，并提出了一些合作路径。刘建文等（2016）指出，中国能源技术和设备适合东盟国家的需要。周士新（2010）指出，部分东盟国家有意愿开展化石能源以外的电力开发。邓秀杰（2023）指出，东盟国家面临能源贫困较严重、用能水平较低、用能结构较差、用能能力较弱等问题，阻碍了地区现代化发展进程。

部分文献指出，中国与东南亚国家开展绿色能源合作的意愿较强。龚雪（Gong Xue，2020）指出，中国在与东南亚国家合作实现能源安全的进程中同样运用软权力。王长建等（2018）指出，中国与东盟国家展开能源合作意在推进“一带一路”倡议，维护国家能源安全，促进经济可持续发展。李昕蕾等（2023）指出，中国与东盟国家展开了规模不小的绿色能源合作，意在服务“一带一路”建设，是中国－东盟合作走向发展、走向深入的必有之义。赵穗生（Zhao Suisheng，2008）指出中国对外能源合作是能源安全和睦邻友好政策的集合。阿尔瓦雷斯等（Alvarez et al.，2024）认为，相关合作与中国的全球能源互联网建设有关。杰西卡・廖（Liao，2022）则认为，中国展开绿色能源合作，一定程度上是因为既有的对外合作项目对环境会有一定损害，存在“染绿”中国对外基础设施建设项目，改善形象的意图。

这种观点失之偏颇。贝尔托等（Bertheau et al.，2022）认为，中国展开的绿色能源合作是顺应《巴黎协定》的要求，在政府指导下由国有企业和开发性金融机构合作展开的。

部分文献指出，东南亚国家在绿色能源领域，还与多个主体开展合作。袁正清等（2021）指出，东盟在能源事务上也是重要的治理者，并且已经机制化了。张帅等（2023）指出，中国与东盟在经贸领域的合作已产生明显的“溢出”效应。双方在既有合作不断深入的情况下，在不同层面对合作提出了新要求。韦宗友（2020）指出，美国和日本也参与了东南亚的能源基建事务，意图对中国在东南亚地区的能源事务进行对冲，阻碍中国与东南亚国家在能源领域的合作。此外，胡克等（Huck et al.，2022）指出，欧盟与东盟在能源事务上也有交流与合作。这些情况使得对中国–印尼绿色能源合作的研究显得更为必要，如索瓦科（Sovacool，2009）指出，能源合作受到多方面的影响，在实践中相关合作会受到多方力量引导或制约。事实上，印尼在绿色能源合作领域也曾试图寻找其他行为体替代中国，但依然选择与中国展开合作，凸显了中国与印尼在相关领域关系的特殊性。

本文拟在相关学者论述的基础上，采取马克思主义国际政治学的研究方法，即从具体的经济基础出发研究政治决策，注重上层建筑反映经济发展现状，并对经济发展产生的反作用，强调在一个历史片段中既有的经济基础与上层建筑会对社会与历史的发展产生合力（李滨 等，2021）。本文在运用马克思主义国际政治研究方法研究中国与印尼绿色能源合作事务时，将经济动因放在更基础的位置上，其为双方持续性合作提供了动力，同时认为政治动因起到了推进器的作用。两者结合与相互促进，共同推动中印尼绿色能源合作取得实质性效果。

2　中印尼绿色能源合作的政经动因

尽管相关文献大多阐述的是中国与东盟整体能源合作的基本情况和发展趋势，但对中国与部分东盟国家，特别是东盟最大成员国印尼，在绿色能源进行合作的研究，可以充分反映中国与东盟国家合作的具体动因，甚至更加有意义。

2.1　印尼与中国合作：经济利益大于政治目标

印尼与中国开展绿色能源合作的动机是多重的，既有基于经济利益的考量，也有立足政治目标的导向，但也是不均衡的，经济利益明显是优先选择。通过与中国展开绿色能源合作，印尼试图推进本国绿色能源发展，同时也促进双方共同利益。这种合作体现了中印尼各自的利益诉求和相互需求。经济动因与政治动因的紧密结合和两国间的相互需要，共同推动相关合作取得进展和成功。在此过程中，经济因素为合作提供可持续动力，而政治因素则为合作成功奠定了基础。

2.1.1 从经济层面上看，与中国合作符合印尼经济利益

中国在绿色能源设备生产领域展现出了显著优势。首先，绿色能源设备的主要产地集中在中国，与中国展开绿色能源合作能够极大地减少供应链问题对绿色能源开发的影响。以光伏为例，中国在太阳能电池板（如多晶硅、硅锭、硅片、电池和组件）的所有制造阶段的份额超过 80%，每瓦成本为 0.24 美元（Anon，2024）。根据行业规范公告企业信息和行业协会测算，2022 年全年中国光伏产业链各环节产量再创历史新高，全国多晶硅、硅片、电池、组件产量分别达到 82.7 万吨、357GW、318GW、288.7GW，同比增长均超过 55%（王政，2023）。此外，中国在水电和地热能技术方面在全球范围内也比较先进。这些优势意味着中国在绿色能源设备生产上不仅具备高产量和规模效应，能够通过扩大生产规模满足印尼等国的需求，避免因设备供应不足而延误项目建设进程，而且能实现设备的一体化采购，确保选择到最为合适的设施，提升绿色能源项目的整体效率和效益。

其次，相关项目部分采用设计采购施工一体化（EPC）模式，中方负责设计与建设任务，印尼业主方能够充分利用中国在相关领域的丰富经验。中国近年来投产的绿色能源项目规模颇为可观。据统计，2023 年 1 至 10 月，中国可再生能源发电装机新增 1.91 亿千瓦，较前一年同期增加近 1 亿千瓦，同比增长 90.8%，占全国新增装机的 76.4%，其中，水电新增 844 万千瓦、风电新增 3,731 万千瓦、光伏发电新增 1.42 亿千瓦、生物质发电新增 232 万千瓦，当时预计 2023 年全国风电光伏发电新增装机将突破 2 亿千瓦（国家能源局网站，2023）。中国通过建设大规模的绿色能源基础设施，积累了丰富经验。这样一来，中国企业在承接印尼相关项目后，能够运用既有经验，在满足业主方需求的同时，有效规避设计和建设过程中的潜在风险与困难，从而加快项目建设进程。

再者，印尼拥有丰富的潜在绿色能源资源，与中国展开合作有助于以低成本获取资金，实现高性价比开发。除了企业自筹资金和通过多边开发银行融资外，中国还向相关国家提供两优贷款，以推动项目的顺利进行。印尼相关合作项目能够获得优惠资金的资助。21 世纪初全球金融危机后，中国便向印尼提供了 28 亿美元的优惠出口买方信贷，其中部分资金用于支持印尼的绿色能源发电项目（整理相关媒体信息，2012）。

2.1.2 从政治层面上看，与中国合作有助于印尼实现目标

首先，与中国展开绿色能源合作可以体现印尼在选择合作方时的独立自主和不受外国约束的立场。作为东南亚地区的重要国家，印尼长期以来致力于将本国建设成为具有影响力的区域大国。为此，印尼积极向国际社会展示其独立自主的态度和

不受外部势力束缚的意图与决心。2021 年 12 月 14 日，美国国务卿布林肯（Antony J. Blinken）在参加东亚峰会期间强调印尼作为美国在印太地区的主要合作伙伴地位，并期待加强美印尼关系（美国驻华大使馆和领事馆，2020）。尽管印尼在某些方面得到了美国的支持，但印尼依然保持了其自主选择的立场。

其次，印尼希望通过与中国展开的绿色能源合作项目，促使域外国家增加免费资金投入。印尼促进能源转型的多种机制中，仅有 JETP（Just energy transition partnership Indonesia comprehensive investment and policy plan 2023）明确提及了赠款事宜。根据 JETP 的规划，首期筹措的 200 亿美元资金中，包含 1.538 亿美元的赠款、1.416 亿美元的技术援助以及 3.845 亿美元的股权融资。此外，还包括 69.5 亿美元的优惠贷款、15.9 亿美元的非优惠贷款、20 亿美元的担保以及 3.453 亿美元未界定形式的资金。值得注意的是，其中包括近百亿美元的私人资本投资。这一规划实质上是结合既有的多边开发银行贷款计划与私人资本投资，并加入少量赠款而组建的所谓全新框架。然而，令印尼感到不满的是，当前 JETP 框架下实际到位的融资额很少（佚名，2024c）。通过与中国展开合作，印尼可以间接表达对相关计划投入资源不足的不满。若相关国家仍希望借助上述资助计划实现地缘政治目标，则有必要增加投入。否则，为了实现绿色能源目标，印尼可能会选择与中国合作，对相关国家与印尼合作产生一定影响。

最后，为改善国际形象，实现国家自主贡献（NDC）目标，印尼亟须包括中国在内的国际社会提供支持。NDC 由各国政府自主决定，对应对全球气候变化具有重要意义。印尼政府在其提交给联合国气候变化框架公约中的 NDC 文本中承诺，将减少 29%（第一版 NDC 无条件）至 43.2%（ENDC 有条件）的温室气体排放，并在 2060 年实现净零排放（Indonesia，2022）。当前，印尼全国发电量达 63GW，其中化石燃料发电量达 35GW（商务部国际贸易经济合作研究院 等，2022）。为实现减排目标，印尼必须对既有电站进行改造升级，同时新建一些绿色能源电站，优化印尼的能源结构，提升绿色能源应用比例。随着化石燃料电站的逐步退出，印尼的排放状况将得到显著改善，从而落实 NDC 目标，进而有助于构建印尼的绿色经济体形象，提升其国际竞争力。外资企业进入印尼投资时需要满足相关企业的 ESG（Environmental，Social and Governance，环境、社会和治理）指标，如使用绿色电力等，建构吸引投资的良好经营环境。通过完善绿色能源基础设施，印尼能够为相关企业提供落实 ESG 目标的前提条件，进一步提高本国的投资吸引力。然而，这一政策选择需要各方在资金、设备设施和运作经验等方面提供支持。鉴于中国提供的绿色能源发电设施成本较低，印尼与中国展开绿色能源合作将有效降低实现 NDC 目标的成本，实现互利共赢。

2.2　中国与印尼合作：政治目标大于经济利益

与印尼相比，中国与印尼在绿色能源领域开展合作的目标存在着微妙差别，体现出两国在与其他国家合作时的利益倾向。

2.1.1 从经济层面看，与印尼合作符合中国经济利益

第一，中印尼绿色能源合作有助于推动融合中国的产能优势与印尼的绿色能源市场潜力。中国绿色能源设备产能丰富，但与此同时，中国国内的绿色能源资源已被广泛开发。《中国的能源转型》白皮书指出，2023 年，中国清洁能源消费比重达到 26.4%，清洁能源发电装机容量达到 17 亿千瓦，占发电装机总量的 58.2%。清洁能源发电量约 3.8 万亿千瓦时，占总发电量比重为 39.7%。十年来，新增清洁能源发电量占全社会用电增量一半以上（新华社，2024）。印尼拥有大量可开发绿色能源潜力。通过与印尼展开绿色能源合作，能够充分发挥中国优势和印尼潜力，推动印尼绿色能源潜能变成可以直接推进生产力的实际能源。

第二，中印尼绿色能源合作有助于为其他投资项目创造良好环境，推动其他投资项目顺利落实。绿色能源合作有助于完善印尼基础设施，为其他项目的落地提供基础。目前，印尼电力覆盖率约 75%，电力供应尚未完全普及，在一定程度上限制了推进其他项目进程的便利程度（商务部国际贸易经济合作研究院 等，2022）。投资方往往会充分考虑潜在的断电风险，评估电力及电力基础设施不足可能对投资的影响，电力短缺会增加项目落地的难度。此外，电力不足还限制了制造业产品（如电器设备）的市场规模。因此，通过绿色能源领域的合作，可以有效减弱市场障碍，最大程度地控制能源短缺带来的不利影响，改善投资环境。

实际上，随着中国与印尼的绿色能源合作逐步深入，相关电力设施设备生产企业也在印尼展开了投资活动。如中国西电与印尼 CCM 公司合资建设的西电斯科印尼有限公司开业（专门生产变压器）（中国西电集团公司，2017）。

2.2.2 从政治层面看，与印尼合作有助于深化政治互信

第一，中印尼绿色能源合作能为两国政治外交关系发展提供持续性动力。鉴于绿色能源合作涉及资源开发，各方在合作过程中需要开展广泛而深入的接触与意见交流。这种交流不仅限于高层决策层面，而且深入到基层执行层面。而双方通过在具体事务中的接触，逐步建立互信，从而更加明确地理解对方的立场与诉求，找到共同发展的契合点，开展更有针对性的合作。同时，相关交流过程有助于释放善意，营造积极合作的氛围，缩小误解与隔阂，深化合作关系。此外，经济合作还能够扩大从中方项目中获益的人员范围，加强两国民间交流，进而促进民心相通，减

少合作中的潜在阻碍。例如，奇拉塔光伏项目在最大程度上采用了印尼当地的供应商、分包商和劳工，不仅为当地创造了大量就业机会，同时也为后续光伏项目的建设提供了宝贵的经验示范（中国电力建设集团有限公司，2013）。

第二，中印尼的绿色能源合作有助于强化中国与东盟的关系。作为东盟的最大成员国及东盟秘书处所在地，印尼在东盟决策中发挥重要作用。通过绿色能源合作，能够加强中国和印尼沟通，增进两国互信，进而影响印尼政府的决策者，从而影响印尼推动东盟相关决策进一步坚定绿色能源发展。2020 年 11 月 23 日，东盟设定了明确的绿色能源发展目标，在《东盟能源合作行动计划第二阶段：2021—2025》（ASEAN plan of action for energy cooperation (APAEC) 2016-2025 phase II: 2021-2025）中，提出到 2025 年将能源强度降低 32%、一次能源中可再生能源占比达到 23%、可再生能源电力装机占比提升至 35% 的区域总目标。中国与印尼展开的绿色能源合作，对东盟实现上述目标具有较大的推进作用，也有助于塑造中国力于环境保护的国家形象。

第三，中印尼绿色能源合作有助于为国际政治经济新秩序提供有实践意义的参考样板。当前国际地缘形势持续紧张，中国积极倡导人类命运共同体等理念，提出了全球发展倡议，但却引起了部分国家的质疑、警觉甚至反对。通过与印尼展开绿色能源合作，中国能够为相关理念提供成功案例，塑造互利共赢的新合作模式，为推进全球降碳减排积累可操作的经验。中国以印尼负担得起的成功为印尼提供绿色能源开发设计方案、建设及运行保障，共同开发利用印尼的绿色能源资源，充分说明全球发展倡议对广大发展中国家来说，是可持续、可持续及有前景的。中国以绿色能源合作为抓手，通过改善印尼绿色能源生产环境，优化印尼产业结构，可以吸引其他东盟国家参加到相关合作议程中。

3　中印尼绿色能源合作的主要特征

当前，中国与印尼在绿色能源领域的合作正逐步走向深入，合作进程稳步推进。展望未来，随着印尼能源需求的日益增长，两国间的绿色能源合作仍有巨大的发展潜力与广阔的前进空间。

3.1　覆盖领域广阔，合作方式众多

中国与印尼在绿色能源领域的合作涵盖了多个细分领域。除光伏发电外，两国新建项目还涉及水力发电、生物质能以及地热能等多个方面。例如，中国能建成功承建了总装机容量为 1,040 兆瓦的印度尼西亚上西索堪抽水蓄能电站（中国能源建设集团有限公司，2023），而中国建材工程则以 EPC 形式参与了印尼境内 6 个 10 兆瓦生物质发电厂项目的建设（国际合作部，2017）。这些实例充分显示出，当

前中国与印尼在绿色能源合作中涵盖了多种常见的类型，而且都取得了相对好的成果。在合作过程中，相关企业还充分利用了印尼独特的自然资源禀赋，特别是其丰富的地热资源，积极开展地热发电项目。例如，中国电建山东三建成功承建了印尼卢穆特巴莱二期 55 兆瓦地热项目（王春磊 等，2022)。同时，基于绿色能源的发展逻辑，双方还开展了部分基于绿色能源合作的相关合作，如电力设备合作生产等。这些措施进一步促进了中印尼绿色能源产业链的完善与发展，为两国在推进绿色能源合作开拓了新平台，缩短了供应链和生产链。

中印尼开展绿色能源合作的形式可谓是多种多样，涵盖了从简单的设备供应到建设运营一体化等多个层面，体现出两国政府和企业在推进相关项目合作的意愿和智慧。当然，根据具体情况，具体项目的具体合作方案的选择主要取决于双方实际上的规划和磋商。中国企业在印尼推进相关项目过程中，已经非常熟悉并能灵活应用多种合作模式，并从中选择最符合双方共同利益和意向的结果。从合作角色上看，中国通常扮演着建设者、投资者、运营方在内的多重身份。例如，在地热能合作开发中，卢穆特巴莱二期 55 兆瓦地热项目是 EPC 项目，山东电建三公司是该项目的建设者。开山股份在印尼投资了若干地热能电站，在 2016 年 4 月通过新加坡 KSORKA 公司（“KSORKA”）收购了 SorikMarapi 地热能有限公司（“SMGP”)。2023 年全年 SMGP 累积发电量接近 1,000,000 兆瓦时（股市快讯，2024)。实际上，在相关合作中，中国企业的角色和定位是多元的。在 EPC 项目的框架下，海外电力能源项目多采用带有投资性质的 BOT、BOOT、BOO 等合作方式，但也有部分电站是采取 IPP 方式进行的。① 这些都体现了中国在推进与印尼开展绿色能源合作方面，立足实践，选择的是互利互惠的合作方式（张冰，2023)。

3.2　经济为合作提供动力

中国与印尼之间的绿色能源合作具有坚实的经济基础和经济价值，是互利共赢的经济关系的体现。为了改善人民生活和完善生产基础设施，印尼形成了对能源生产设施的需求。鉴于能源不足，印尼寻求外国投资者，推动能源生产设施建设。2021 年 3 月，印尼政府推出了投资“优先清单”，在基础设施建设、可再生能源、通信技术等关键领域取消或放宽了对外资的股权比例等限制。同时，印尼绿色能源潜力巨大，市场需求明显导向绿色能源开发。在吸引绿色能源投资的过程中，印尼旨在获取优惠资金，并希望在资金相同的情况下尽可能扩大发电量。而中国能够提

① BOT（Build-Operate-Transfer）即“建设—运营—转让”，BOOT（Build-Own-Operate-Transfer）即“建设—拥有—运营—转让”，BOO（Build-Own-Operate）即“建设—拥有—运营”，独立发电商（IPP)，是指投资独立于国家电力公司（PLN）的发电商。传统上 PLN 是集电力生产、输配送、销售为一体的企业，后将电力生产项目的一部分允许私人投资建设。IPP 投资建设的电站项目通常在购电协议到期后移交给 PLN。

供高性价比开发方式，凭借中国丰富的建设经验和大量的绿色能源设备产能，缩减开发进程中的潜在额外支出和预算内支出。当然，中国正面临着国内绿色能源资源开发的瓶颈。随着中国的“双碳”目标和社会主义生态文明建设的逐步推进，中国国内有开发潜力的绿色能源潜能已进行了深入开发。与此同时，为印尼建设绿色能源项目契合中国的利益，这些项目的建设既能够完善印尼能源环境，为进一步扩大生产和消费市场提供空间，也能够推动中国产能出海，为解决全球变暖问题提供中国方案。可见，中国在印尼展开的绿色能源合作有较大的潜在市场。

3.3 政治为合作提供基础

印尼虽有意开展绿色能源合作，但也不愿在此过程中受到合作国的过多约束。因此，在选择合作对象时，印尼倾向于进行多元化选择，通过与多个合作方进行比较与制衡，避免为单一合作方主导。此外，不同国家所提供的资金方案亦为印尼提供了比较的余地。与中国合作，印尼不仅关注中国的综合实力，同时也希望通过引入中国资金，撬动具有地缘政治优势的低成本资金，进而丰富融资渠道。2023 年 12 月 18 日，日本在举办的亚洲零排放共同体（AZEC）首脑会议上宣布，将通过向发展中国家提供的政府开发援助（ODA）框架，提供技术和财政援助支持各国脱碳。当然，印尼在制定绿色能源政策时，亦受到环境治理目标的深刻影响。印尼与中国开展绿色能源合作，可以以较低的成本实现其政治目标，并通过多元化合作实现风险对冲。

与印尼展开绿色能源合作既有助于实现中国的经济目标，也有助于实现中国的政治目标。具体而言，通过相关合作项目，能够从基层出发，增进两国人民交流，推动中国与印尼民心相通，维护并进一步提高中国在印尼人民心目中的形象，最终加强两国政治关系。此外，鉴于印尼是东盟重要成员国，与印尼展开绿色能源合作有助于实现东盟绿色目标，从而增进中国与东盟的沟通交流，深化中国与东盟的关系。此外，这些合作项目也能够展示中国的全球治理理念。实际上，政治目标并非这些项目展开的直接因素，但在项目实施过程中，政治层面的因素能够发挥积极的推动作用，推动中国与印尼的合作更加深入和务实。事实上，中国与印尼的绿色能源合作不仅具有重要的经济价值，还能够为中国的政治目标提供有力支持，推动中国与印尼以及东盟的友好关系不断向前发展。

3.4 政治与经济互动相互提供动力

中国与印尼的绿色能源合作既受经济因素影响，也受政治因素驱动。在合作过程中，政治与经济因素相互交织、相互促进，共同推动两国绿色能源合作深入发展。此间，两国的政治需求为合作提供了基础，而经济需求则为合作注入了动力。在政治与经济因素的相互作用下，两国在绿色能源领域的合作得以逐步深入。印尼拥有丰富的绿色能源潜能，其年光伏发电利用小时数最高可超过 1,600 利用小时数 / 年，光伏技术可开发量接近 1,500 吉瓦（GW）（电力规划设计总院，2021）。此外，印尼还拥有庞大的生物质资源潜能和 23.76 吉瓦（GW）的地热潜力（驻印度尼西亚共和国大使馆经济商务处，2021）。然而，目前这些资源的开发利用尚不充分，如水能利用率不足 10%（电力规划设计总院，2021）。可见，相关合作有着坚实的经济基础。而与此同时，印尼也有意愿开发绿色能源。印尼提出了一系列有助于绿色能源发展的政策（曹师韵，2024），2024 年印尼大选中的三位总统候选人均表示，他们打算减少印尼对煤炭的依赖，并增加可再生能源的份额（驻印度尼西亚共和国大使馆经济商务处，2023b）。可见，印尼在政治和经济两个层面上都有着发展绿色能源的动力。而如前所述，中国有产能，也有发展两国关系、发展区域关系和建设国际新秩序愿景。可见，中国也有推动绿色能源合作的政治与经济动力。

3.5　多国多主体参与

在中印绿色能源合作框架、模式和过程中，除了中国企业、中国政府和中方融资机构及印尼政府和印尼业主方外，部分域外国家和企业也以各种方式直接或间接地参与其中。美国和日本等国基于地缘政治目标，试图通过提供资金等方式以影响印尼的决策，进而破坏中印尼绿色能源合作。例如，随着中国与印尼的绿色能源合作逐步深化，美国、日本等七国集团成员在 2022 年 11 月 15 日宣布在印尼启动 JETP，推动印尼能源转型（U.S. Embassy Jakarta，2022）。日本在 2023 年 12 月举办的 AZEC 首脑会议上承诺，向东南亚国家提供包括技术和财政支持的有关能源转型的 ODA（符祝慧，2023）。相关国家推动的有关项目虽然在客观上同样能够推动印尼绿色能源转型，但其展开合作有着更深层次的目的，即吸引印尼等东南亚国家与其加强同时疏远中国，减弱中国在东南亚的存在和影响力。尽管中国与印尼努力推进相关绿色能源项目顺利实施，但部分域外国家试图干涉，妄图以各种手段阻碍中印尼合作取得预期成果。

4　中印尼绿色能源合作的影响与前景展望

中印尼绿色能源合作既体现了两国关系复杂性及合作密切性，也反映出其他主客观因素在其中产生的影响。这也会对中印尼能源合作的未来产生一定影响。

4.1　积极影响：拓宽了两国合作新路径，拓展了两国关系新领域

4.1.1　为印尼提供多样化选择，推动印尼绿色能源潜能开发

中印尼绿色能源合作不仅为印尼提供了更多样的投融资选择，而且提升了印尼

在相关领域取得进展的信心。中国不仅承建了较多的绿色能源发电设施，而且绿色能源设备产量也较高。中国在绿色能源产业的产能和经验能够为印尼提供有竞争力的能源开发报价，对于改善印尼能源结构，推动印尼绿色转型具有较大帮助。相关能源合作为印尼提供了电力的增量供给，增加了电力供给量，进而减少了因电网负载过重而出现的故障数目。从供应者和承建者层面上看，中国与印尼的合作进一步丰富了印尼在绿色能源领域的选择范围。此外，在 JETP 和多边开发银行等投融资渠道之外，中国也可以提供新的资金选项。当然，中国也可以加入其他资金供给者的筹资渠道中，扮演承建者或是额外的资金提供者的角色，为印尼的绿色能源项目提供全方位的支持。例如，上西索堪抽水蓄能电站施工总承包方为中国能建葛洲坝集团，而项目建设则是由世界银行与亚洲基础设施投资银行联合融资的（蔡丽霞等，2022）。

4.1.2 完善中国企业出海环境，改善印尼经营环境

通过大力发展绿色能源生产能力，印尼可以适当缩减对突发断电及为应对意外断电而准备的应急储备，有助于降低生产成本，提高企业效益，同时改善企业经营环境。一些绿色能源领域的增量电力生产为单一的工业园区服务，并不影响市政用电。此外，绿色电力可以为相关企业提供绿色减排凭证。在产品销售时可以作为绿色生产的证明，帮助企业规避绿色壁垒，优化企业 ESG 指标。例如，欧盟提出了所谓“碳边境调节机制”，力图在总体上实现全球气候治理目标，通过边境壁垒限制高排放产品入境（关孔文 等，2023）。通过使用基于绿色能源生产的绿色电力，印尼能够在一定程度上减少核定的温室气体排放量。

4.1.3 提升中国与印尼间的互信关系

中印尼合作通过加强沟通机制，推动沟通频率和事务数量提升，进而通过沟通的增加使影响外溢。相关沟通在频率和事务数量上的增加能够使两国间能够更好展开沟通，使相关需要沟通的事务能够更为便利地展开沟通，相关沟通的数量增加能够使相关意见更好交换，进而深化两国间相互认知，最终加强两国互信。相关合作涉及印尼国内自然资源的开发。在绿色能源合作中，相关自然资源数据能够为各类企业所知。为此，相关企业通过加强沟通，以经济合作挤压了互相猜忌，减弱了合作进程的阻力。相关合作进程能够为印尼提供一批立足相关项目就业的居民就业机会，如芝拉塔漂浮光伏项目建设期间为当地创造直接和间接就业机会就超过 8000 个（佚名，2024c）。相关居民为维护自身利益，会支持相关项目，进而在民间形成加强合作的舆论。

4.2 消极影响：为域外国家损害中印尼关系提供了潜在抓手

随着全球变暖等全球性环境问题影响加剧，相关合作的前景将更为广阔。然而，在合作推进的过程中，也不可避免地会出现一些杂音和障碍，这些因素可能会在一定程度上阻碍合作的顺利进行。

相关域外国家基于地缘政治考量，力图在利用绿色能源与中国展开竞争中取得优势。受生产能力、建设能力不足的影响，相关域外国家在印尼推进的绿色能源项目落地方面优势并不足。印尼转向与中国展开绿色能源合作，也是一种必然、适当的选择。然而，中国与印尼的绿色能源合作对相关域外国家的地缘政治目标难以借绿色能源合作手段实现。因此，这些国家可能会积极寻找机会破坏中国与印尼的绿色能源合作事务，以实现其地缘政治目标。为此，相关国家会加强对相关项目的关注，仔细研究项目的运作细节，以期找到其中的某些不足之处，努力寻找机会影响相关项目的形象，使相关项目陷入法律泥潭甚至停滞。目前已经有环保组织针对印尼水电开发发起了指控，称相关合作产生了诸多不利影响（佚名，2024a）。

4.3 中印尼绿色能源合作的前景展望

4.3.1 相关合作符合时代潮流，有助于解决国际公共问题

当前，全球变暖等国际性问题日益凸显，而“共同但有区别的责任”原则已逐渐成为国际环境问题责任的划分原则。作为后发国家，印尼尽管在原则上可能享有增量的温室气体排放空间以促进其发展，但相较于发达国家，其增量空间较小。印尼已承诺展开减排行动，但要实现“中等强国”目标，仍需持续性发展，因而离不开绿色能源的大力支撑。在此情况下，中印尼绿色能源合作就显得尤为重要，不仅能够以环境友好的方式满足印尼的能源需求，而且也有助于控制温室气体的排放，同时促进印尼经济发展。这为解决当前存在的后发国家的发展需求与全球环境保护间的矛盾提供了中国方案，为发展与生态间的张力提供了可实践的解决路径。

4.3.2 相关合作互利共赢，会有更大内在动力

印尼在发展过程中，能源缺口较大，绿色能源可以为印尼提供潜在增量空间。因此，为了推动本国发展，印尼需要完善能源体系。在此期间，新建发电设施就显得尤为重要。与此同时，印尼在绿色能源方面资源禀赋得天独厚，尚有巨大的开发潜力。而中国作为全球绿色能源生产的重要参与者，不仅技术成熟，而且能够以相对较低的成本为印尼提供从项目规划、建设到设备供应的全方位绿色能源开发方案。基于这种互补性优势，中国与印尼在绿色能源领域的合作不仅实现了资源的优化配置，也促进了市场的深度融合。这种合作模式不仅有助于弥补印尼的能源缺

口，推动其经济社会的可持续发展，同时也为中国绿色能源产业的国际化发展提供了广阔的空间。为此，两国在绿色能源领域展开合作是互补型发展，是资源与市场的结合。

4.3.3 相关合作能够为世界体系的分工优化提供参考

在当前的世界体系下，国家间因在产业链中不同位置及产业机构存在差异而出现分工差别，有中心国家和边缘半边缘国家之分别。在中心国家与边缘半边缘国家（如印尼）展开合作时，中心国家往往占据主导地位，掌握着合作的主导权，边缘半边缘国家只是被动的接受者，合作中存在明显等级差异，难言平等合作。然而，中印尼绿色能源合作呈现互利共赢的特点，双方在合作中保持着平等地位，各取所需。究其原因，中国与印尼在现行世界体系中都是处于半边缘的全球南方国家，而中国在部分领域已经处于中心地位，愿意以人类命运共同体理念和全球发展倡议等新理念，与包括印尼在内的其他半边缘国家通力合作，推进世界体系朝着更具融合性的方向演变。

4.3.4 相关合作还会遇到一定阻力

首先，部分域外国家基于地缘政治考量，还会试图干扰中国与包括印尼在内的东南亚国家的绿色能源合作。这些国家认为，绿色能源合作是中国与东南亚国家关系的重要组成部分，因此，基于地缘政治目标，这些国家会不遗余力地试图影响合作进程，力图破坏相关合作。此外，印尼对煤电的路径依赖会影响两国绿色能源合作空间。印尼有众多存量煤电发电项目，煤炭储量丰富。发展火力发电也是快速解决能源不足问题的办法。然而，新建火力发电项目与绿色能源项目之间存在一定的替代关系，这在一定程度上限制了绿色能源合作的发展空间。与此同时，绿色能源项目本身的先天的不稳定性同样会影响相关项目的成效。绿色能源项目受自然条件影响较大，发电较不稳定（如夜间缺乏光伏发电的条件）。因此，绿色能源应用受自然条件影响，有潜在的限制。

5 结语

在中国与印尼的绿色能源合作中，政治与经济因素相互交织，共同推动合作发展。合作中印尼的经济利益大于政治目标，而中国的政治目标大于经济利益。通过广泛多样的合作、合作中的政治经济动因相结合与域外主体的直接间接参与，当前中印尼绿色能源合作不断深入。实践中，中印尼绿色能源合作也在不断推进，推进印尼和中国相互成就，互相实现各自的政治与经济目标，同时一道为全球环境保护、共同应对全球性挑战贡献力量。可见，中印尼绿色能源合作有充足的发展动力，发展前景较为广阔。

然而，基于考虑地缘政治和成本—收益平衡等方面的原因，印尼与中国在不断增强合作过程中，也存在难以避免的矛盾。此外，印尼与美国、日本等国绿色能源合作也会得到持续发展。鉴于印尼经济发展水平不高，绿色资源开发受技术和资金限制较大。相关合作项目可能规模仍然较有限。尽管如此，相关合作依然可以产生一些溢出效应，推动印尼绿色能源市场完善。

为此，中国有必要完善相关合作条件，通过优化合作机制增强印尼对合作的信心，推动印尼及第三方更广泛地参与合作。中国需要完善项目融资机制，着重开发有实际开发价值、能推动绿色能源发展的项目，避免盲目开发损害中国的国家形象，影响未来合作及其他合作。此外，中国需要完善相关绿色能源开发方案，使相关绿色能源合作符合印尼实际需求，能够推动印尼发电站的存量和增量绿色化。实际上，正是通过在绿色能源领域的合作，中国与印尼合作的领域和路径得以进一步拓展，合作意愿有进一步提升。一个完善的能源系统不仅能够改善印尼的发展环境，还有助于推动印尼第二产业和第三产业的持续发展。因此，中国有必要和印尼在绿色能源领域展开更大规模且更为审慎的合作，推动构建中印尼命运共同体尽早取得更多更好成果，为中印尼全面深化战略伙伴关系贡献力量。

参考文献

蔡丽霞，万鑫，2022. 捷报！公司成功签约印尼首座抽水蓄能电站 [EB/OL]. [2024-10-06]. http://www.gzbgj.ceec.net.cn/art/2022/7/8/art_7615_2515227.html.

曹师韵，2024. 印尼多举措吸引投资 [N]. 人民日报，03-11（18）.

陈玉妍，张公平，2021. 成都院签订印尼 Poso-3 水电站工程技术服务合同 [EB/OL]. [2024-10-06]. https://www.powerchina.cn/art/2021/10/12/art_7443_1235919.html.

丛威，孙楚钰，2018.“一带一路”倡议背景下的中国与东南亚清洁能源合作 [M]// 国际清洁能源论坛（澳门）. 国际清洁能源产业发展报告（2018）. 北京：世界知识出版社：432-460.

邓秀杰，2023. 东南亚能源贫困与中国—东南亚可再生能源合作 [J]. 国际石油经济，31（3）：33-42.

电力规划设计总院，2021. 中国—东南亚能源合作报告 [M]. 北京：人民日报出版社.

法朗，2023.“公正能源转型伙伴关系”：资金何来？如何公正？怎样转型？ [EB/OL]. [2024-10-06]. https://chinadialogue.net/zh/3/112649/.

范家麒，2023. 印尼镍全产业链战略及其国际影响 [J]. 云大地区研究（1）：115-136.

符祝慧，2023. 首届亚洲零排放共同体峰会 以多元途径实现脱碳 [EB/OL]. [2024-10-06]. https://www.zaobao.com/news/world/story20231218-1456907.

股市快讯，2024. 开山股份：SorikMarapi 地热能公司 2023 年累积发电量接近 100 万兆瓦时 [EB/OL]. [2024-10-16]. https://m.jiemian.com/article/10634513_sina.html.

关孔文，李倩慧，2023. 欧美对全球气候治理体系的重塑——从“气候俱乐部”到“碳边境调节”[J]. 国际展望，15（5）：99-117.

国际合作部，2017. 中国建材工程签订印尼 6 个 10 兆瓦生物质发电厂项目 [EB/OL]. [2024-10-06]. https://www.cnbm.com.cn/CNBM/0000000500010003/41507.html.

国家能源局网站，2023. 我国可再生能源发电总装机突破 14 亿千瓦占比接近 50%[EB/OL]. [2024-10-06]. https://www.gov.cn/lianbo/bumen/202311/content_6917855.htm.

韩武，2023. 中国能建签约印度尼西亚苏拉威西 315 兆瓦水电站项目 EPC 合同 [EB/OL]. [2024-10-06]. https://www.ceec.net.cn/art/2023/5/23/art_11019_2527444.html.

胡慧茵，2023. “一带一路”旗舰项目巡礼之二十七丨东南亚最大漂浮光伏项目并网发电，中印尼合作将延伸至更多新兴产业 [EB/OL]. [2024-10-06]. https://www.21jingji.com/article/20231201/herald/a6b26a66b679a45a5cb5727da5acbdec.html#.

李滨，陈子烨，2021. 论马克思主义国际关系研究方法——兼评历史唯物主义与西方现实主义理论的方法差异 [J]. 世界经济与政治（12）：4-23.

李冠霖，陈司治，2023. 东南亚最大漂浮光伏电站完成全场光伏组件安装 [EB/OL]. [2024-10-06]. https://www.powerchina.cn/art/2023/10/9/art_7449_1799353.html.

李皖南，杨傲，2022. 中国与印度尼西亚双边贸易关系：特征、问题及发展对策 [J]. 创新，16（3）：23-32.

李昕蕾，盛学敏，李彦文，2023. 中国与东盟绿色联通中清洁能源合作新态势 [J]. 南洋问题研究（2）：124-140.

刘建文，廖欣，2016. 中国 – 东盟能源合作及区域性能源安全体系的构建 [J]. 学术论坛，39（11）：52-57.

刘磊，谢成锁，2017. 印尼清洁能源发展概述 [J]. 全球科技经济瞭望，32（6）：1-8.

美国驻华大使馆和领事馆，2020. 简报：美国的印太战略 [EB/OL]. [2024-10-06]. https://china.usembassy-china.org.cn/zh/fact-sheet-indo-pacific-strategy-of-the-united-states/.

潘玥，2021. 印尼的纳土纳政策：再安全化及其泛安全化论析 [J]. 南亚东南亚研究（5）：64-79.

商务部国际贸易经济合作研究院，中国驻印度尼西亚大使馆经济商务处，商务部对外投资和经济合作司，2022. 对外投资合作国别（地区）指南：印度尼西亚（2022 年版）[EB/OL]. [2024-05-05]. https://www.mofcom.gov.cn/dl/gbdqzn/upload/yindunixiya.pdf.

上海国际问题研究院课题组，2014. 海纳百川、包容共生的“上海学派”[J]. 国际展望（6）：1-17.

市场资讯，2023. 公正转型 – 他山之石⑤ | 印尼：多元投融资机制并行，能源转型能否公正推进？[EB/OL]. [2024-10-06]. https://finance.sina.com.cn/esg/2023-08-25/doc-imzimkcx8614417.shtml.

斯特兰奇，2005. 国家与市场 [M]. 杨宇光等译 . 2 版 . 上海：上海人民出版社 .

苏亭，李奕涵，2023. 印尼公正能源转型投融资机制研究 [EB/OL]. [2024-10-03]. https://mgflab.nsd.pku.edu.cn/gddt/MGFgd/d1e09d9d496a42f48d3bf0ae332e7ebd.htm.

王长建，张虹鸥，汪菲，等，2018. “一带一路”沿线东南亚国家能源发展的演变趋势及其未来展望 [J]. 科技管理研究，38（16）：240-244.

王春磊，杨璐瑜，于洋洋，2022. 公司签订印尼 55 兆瓦地热项目 EPC 合同 [EB/OL]. [2024-10-06]. https://zb.powerchina.cn/art/2022/11/17/art_7449_1555676.html.

王政，2023. 去年我国光伏行业总产值超 1.4 万亿元国内光伏大基地建设及分布式光伏应用稳步提升 [N]. 人民日报，03-26（4）.

韦红，卫季，2016. 印度尼西亚能源政策的调整及中国的应对 [J]. 东南亚南亚研究（2）：54-59.

韦红，2022. 中立抑或选边？印度尼西亚外交行为的历史考察及其启示 [J]. 东南亚纵横（6）：3-17.

韦宗友，2020. 美日在东南亚地区能源基础设施建设合作：举措、动因与制约因素 [J]. 南洋问题研究（3）：1-11.

习近平，2021. 习近平在第七十六届联合国大会一般性辩论上的讲话（全文）[EB/OL]. [2024-10-06]. https://www.gov.cn/xinwen/2021-09/22/content_5638597.htm.

新华社，2024. 中国的能源转型 [EB/OL]. [2024-10-16]. https://www.gov.cn/zhengce/202408/

content_6971115.htm.
徐伟，2021. 中企承建印尼首个漂浮光伏发电项目进展顺利——“为可再生能源发展提供了范例”[N]. 人民日报，07-25（3）.
佚名，2024a. 巴丹托鲁水电项目－关键问题事实查证及依据 [EB/OL]. [2024-10-06]. https://static1.1.sqspcdn.com/static/f/1200343/28308554/1591294361873/Batang_Toru_Hydropower_Factcheck_Report_Chinese.pdf.
佚名，2024b. 印尼绿色潜能巨大佐科呼吁发达国家加大投资 [EB/OL]. [2024-10-06]. https://www.zaobao.com/news/sea/story20240905-4638024.
佚名，2024c. 中企承建的东南亚最大漂浮光伏项目助力印尼当地发展 [EB/OL]. [2024-10-06]. https://mp.weixin.qq.com/s/Usb0RhoSxa-_9-PYHdXJ9Q.
袁正清，江思羽，2021. 东盟能源治理：一种机制变迁的视角 [J]. 国际观察（3）：61-88.
张冰，2023. 能源转型背景下中国与印度尼西亚电力合作分析与展望 [J]. 东南亚纵横（5）：90-99.
张锐，王晓飞，2021. 东盟能源转型：困局与展望 [J]. 东南亚研究（4）：1-18.
张睿宁，李慧，2022. 中国－东盟能源合作的机遇、挑战与对策建议 [J]. 中国能源，44（11）：77-86.
张帅，翟崑，2023. 中国－东盟共建“一带一路”十年经贸成果回顾与展望 [J]. 东南亚纵横（5）：24-39.
张晓明，卢志飞，2023. 中国式现代化研究：现有成果、突破路径和未来展望 [J]. 创新，17（4）：1-11.
整理相关媒体信息，2012. 印尼基础设施发展情况分析 [EB/OL]. [2024-10-06]. http://id.mofcom.gov.cn/article/gccb/201206/20120608193636.shtml.
中国电力建设集团有限公司，2013. 中国电建承建的印尼奇拉塔漂浮光伏项目全容量并网发电 [EB/OL]. [2024-10-06]. http://www.sasac.gov.cn/n2588025/n2588124/c29346413/content.html .
中国能源建设集团有限公司，2023. 中国能建承建的印度尼西亚首座抽水蓄能电站启动施工 [EB/OL]. [2024-10-06]. http://www.sasac.gov.cn/n2588025/n2588124/c28358776/content.html.
中国西电集团公司，2017. 中国西电与印尼 CCM 公司合资兴建的变压器制造工厂投产 [EB/OL]. [2024-10-06]. http://www.sasac.gov.cn/n2588025/n2588124/c3839935/content.html .
中国一带一路网，2022. 中企海外项目周报（2022.12.10-2022.12.16）[EB/OL]. [2024-10-06]. https://www.yidaiyilu.gov.cn/p/297173.html.
中国一带一路网，2023. 中企海外项目周报（2023.10.7—2023.10.13）[EB/OL]. [2024-10-06]. https://www.yidaiyilu.gov.cn/p/00MFR6VG.html.
周士新，2010. 东南亚核能发展的现状、动力与前景 [J]. 东南亚南亚研究（2）：51-55.
驻印度尼西亚共和国大使馆经济商务处，2021. 印尼政府设定 2030 年新增地热发电目标 3355 兆瓦 [EB/OL]. [2024-10-06]. http://id.mofcom.gov.cn/article/dzhz/202110/20211003212109.shtml.
驻印度尼西亚共和国大使馆经济商务处，2023a. 印尼奇拉塔漂浮光伏发电项目实现全容量并网发电 [EB/OL]. [2024-10-06]. http://id.mofcom.gov.cn/article/sxtz/202311/20231103453737.shtml.
驻印度尼西亚共和国大使馆经济商务处，2023b. 印尼总统候选人声明坚持能源转型 [EB/OL]. [2024-10-06]. http://id.mofcom.gov.cn/article/sxtz/202311/20231103453739.shtml.
ALVAREZ D D B, AKIKO S, KENSUKE Y, et al., 2024. Strategic priorities for regional power connectivity in Asia in the overlapping of subregional initiatives and China’s global energy interconnection[J]. Asia Pacific Business Review,(30)2：376-398.
Anon，2023a. JETP investment plan launched; Indonesian government aims for swift implementation[EB/OL]. [2024-10-06]. https://jetp-id.org/news/just-energy-transition-partnership-jetp-investment-plan-launched-indonesian-government-aims-for-swift-implementation.
Anon，2023b. Just energy transition partnership Indonesia comprehensive investment and policy plan

2023.[EB/OL]. [2024-10-06]. https://jetp-id.org/storage/official-jetp-cipp-2023-vshare_f_en-1700532655.pdf.

Anon，2024. Executive summary[EB/OL].[2024-10-06]. https://www.iea.org/reports/solar-pv-global-supply-chains/executive-summary.

SOVACOOL B K，2009. Energy policy and cooperation in Southeast Asia: The history, challenges, and implications of the trans-ASEAN gas pipeline (TAGP)network[J]. Energy Policy, 37(6): 2356-2367.

BERTHEAU P, LINDNER R, 2022. Financing sustainable development? The role of foreign aid in Southeast Asia's energy transition[J]. Sustainable Development, 30(1) : 96-109.

ERDIWANSYAH, R MAMAT, M S M SANI, et al., 2019. Renewable energy in Southeast Asia: policies and recommendations[J]. Science of the Total Environment, 670.

FENG Tian-tian, GONG Xiao-lei, GUO Yu-hua, et al., 2020. Electricity cooperation strategy between China and ASEAN countries under "The Belt and Road" [J]. Energy Strategy Reviews,30: 887-900.

GONG Xue , 2020. China's Belt and Road initiative financing in Southeast Asia [J]. Southeast Asian Affairs: 77-95.

HUCK W, MAAß J, SOOD S, et al., 2022. Framework and content of energy transition in Southeast Asia with ASEAN and the EU[J]. The Journal of World Energy Law & Business, (15)5: 396-408.

Indonesia, 2022. Enhanced nationally determined contribution republic of Indonesia[EB/OL]. [2024-10-06]. https://unfccc.int/sites/default/files/NDC/2022-09/ENDC%20Indonesia.pdf.

LIAO J C, 2022. Talking green, building brown: China-ASEAN environmental and energy cooperation in the BRI Era[J]. Asian Perspective, 46(1): 1-47.

U.S. Embassy Jakarta, 2022. United States supports the launch of the just energy transition partnership (JETP) in Indonesia[EB/OL]. [2024-10-06]. https://id.usembassy.gov/united-states-supports-the-launch-of-the-just-energy-transition-partnership-jetp-in-indonesia/.

ZHAO Suisheng, 2008. China's global search for energy security: cooperation and competition in Asia-Pacific[J]. Journal of Contemporary China, 55(17): 207-227.

作者简介

陈鉴希，上海国际问题研究院外交学专业硕士研究生。主要研究领域：中国外交、东南亚国际关系。电子邮箱：1017480457@qq.com。

周士新，上海国际问题研究院外交政策研究所副研究员、法学博士。主要研究领域：中国外交、亚太政治与安全。电子邮箱：zhoushixin@siis.org.cn。

“亚洲四小虎”的发展困境：基于世界体系理论的分析

程泽笠 范诗雨

摘　要：二战后，亚洲经历了显著的经济扩张和发展。随着全球产业结构的调整以及日本和“亚洲四小龙”（中国香港、新加坡、韩国和中国台湾）的发展，马来西亚、印度尼西亚、泰国和菲律宾这四个东南亚国家也开始了他们的工业化变革，并因其良好的经济发展表现被誉为“亚洲四小虎”。“四小虎”在20世纪80—90年代快速发展，但是在进入21世纪后发展速度明显放缓。本文基于世界体系理论，探讨了“亚洲四小虎”在20世纪80—90年代迅猛发展以及21世纪发展停滞的原因。研究发现，“四小虎”的经济高速增长期主要得益于20世纪中后期的国际政治和经济环境的变化，如美国和日本的政策支持、区域内的产业迁移、有利的投资政策和有效的政策落实。进入21世纪后，全球经济增长放缓，美国和其他核心国家减少了对自由贸易的支持和对四国的针对性帮扶，加之中国和越南等新兴经济体的崛起，“四小虎”的比较优势受到挑战。此外，国内政策执行的有效性和政治稳定性的下降也对这些国家的经济自立和持续发展构成了挑战。
关键词：“亚洲四小虎”；世界体系理论；周边国家；发展经济学

The Asian Tiger Cubs' Experience of "Falling Behind" After Catching Up: A World-Systems Theory Analysis

Cheng Zeli and Fan Shiyu

Abstract: After World War II, Asia experienced significant economic expansion and development. With the global restructuring of industries and the rise of Japan and the "Four Asian Tigers" (China's Hong Kong, Singapore, Repubic of Korea, and China's Taiwan), four Southeast Asian countries—Malaysia, Indonesia, Thailand, and the Philippines—began their industrial transformations. Due to their impressive economic performances, these nations were categorized as the "Asian Tiger Cubs". While the four countries achieved rapid development in the 20th century, the growth rates have noticeably stagnated since entering the 21st century. This paper draws on the world-system theory to

explain the reasons behind the swift development of the four countries in the 20th century and their stagnation in the 21st century. The research concludes that the period of high economic growth in the four countries was primarily due to the international political and economic environment during the mid and late-20th century, including support from the United States and Japan, regional industrial migration, favorable investment policies, and effective policy implementation. However, at the beginning of the 21st century, global economic growth has slowed down, the core countries have reduced their support for free trade and dialed back on their targeted assistance to these four countries, and the rise of new emerging economies such as China and Vietnam has challenged the comparative advantages of the Asian Tiger Cubs. Additionally, the decline in the effectiveness of domestic policy implementation and political stability has posed challenges to the economic autonomy and sustainable development of these countries.
Keywords: Asian tiger cubs; world system theory; periphery country; development economics

1 导言

20世纪60—90年代，亚洲经济经历了三个阶段的显著扩张和发展。二战后，日本通过改革和发展在1968年崛起成为仅次于美国的第二大经济强国（金泓汎 等，2010）。60年代中期到70年代，在日本的带动下，中国香港、新加坡、韩国和中国台湾基本实现了工业化，成为经济增长迅速的“亚洲四小龙”。随着国际产业结构调整，以马来西亚、印度尼西亚、泰国和菲律宾为代表的东南亚国家从20世纪80年代开始进行工业化变革，四国也因为经济发展良好而被誉为“亚洲四小虎”。

世界银行数据显示，1996年马来西亚国内生产总值达1,290.7亿美元，较1980年增长209.07%；印度尼西亚国内生产总值达4,106.7亿美元，较1980年增长159.70%；泰国国内生产总值达2,257.1亿美元，较1980年增长233.59%；菲律宾国内生产总值达1,264.9亿美元，较1980年增长40.98%。四国在1980—1996年经济发展势头迅猛，工业化改革为四国经济发展助益良多。然而，1997年亚洲金融危机席卷东南亚，四国经济遭受重创，在1998年均陷入经济负增长困境。例如，印度尼西亚1998年国内生产总值增长率跌至−13.13%，成为“亚洲四小虎”中受金融危机影响最严重的国家（World Bank，2006）。进入21世纪以来，金融危机对东南亚造成的冲击逐渐消退，但“亚洲四小虎”的发展之路并未重回正轨。四国劳动力明显向低端服务业流动，制造业发展陷入停滞，劳动生产率普遍低于前沿水平（秦北辰，2023）。

为理解“亚洲四小虎”为何在20世纪80—90年代能够高速发展，而在亚洲金融危机后失去了先前发展的强劲势头，本文拟利用世界体系理论描述进入 21 世纪以来东南亚国家经济发展滞缓的现状，并分析其背后原因。本文分为四个部分：第一部分对地区国家快速发展和发展停滞的原因的既有文献展开回顾；第二部分对本文采用的世界理论体系进行介绍；第三部分基于世界体系理论中国家“升级”的条件，从国际、区域以及国内三个层面对四国在 20 世纪 80—90 年代为何能够迅猛发展而进入 21 世纪以来却出现发展缓慢的原因进行阐述；第四部分则聚焦四国发展面临的新挑战以及中国为其发展提供的新机遇。

2　文献综述和理论框架

2.1　文献综述

20 世纪 80—90 年代东南亚地区经济腾飞引发了众多学者的关注。东南亚地区经济崛起的原因可以分为内部政策原因以及外部发展环境原因。第一类学者认为，东南亚经济发展较为迅速的国家有效地借鉴了日本以及“亚洲四小龙”的内部政策，在国内推行了一系列经济政策，包括出口导向、私营部门发展、最小化价格扭曲、低通胀率、有竞争力汇率以及促进比较优势的支持性政策（World Bank，1993；Lin et al.，2011）。莱尔（Lall，1996）在 1996 年对马来西亚经济的研究中突出政府“有针对性的干预政策”对马来西亚出口贸易和制造业发展的促进作用。

第二类学者认为地区国家实现快速经济发展主要依靠外部环境及国家“相对优势”。日本经济学家赤松（Kiyoshi，2000）早期提出“雁型模式”（Flying Geese Model）用于描述该区域发展中开放经济体的工业化追赶进程。当有利于贸易增长的外国直接投资与产业转移结合，国家的相对优势放大，就会促进生产和贸易扩张。这一模型也常被用于解释“亚洲四小龙”和“亚洲四小虎”的经济高速发展的原因（Zhang et al.，2022）。还有学者利用“候鸟经济”来解释东南亚经济飞速发展现象。“候鸟经济”指劳动密集型产业从高成本地区向低成本地区转移。李玉梅（2015）强调“候鸟经济”现象在东亚以及东南亚地区国家产业结构变迁以及经济体崛起中的重要作用。此外，弗农（Vernon，1966）根据产品生命周期理论，解释行业生产地点会随着时间推移而转移，技术创新和成本因素是推动变化发生的动因，突出了生产中比较优势的重要性。刘慧悦（2017）运用国际产业转移理论分析，认为东南亚国家经历了三次产业转型，第三产业在国内生产总值的占比有所提高，人口资源和自然资源成为优势。上述研究都利用不同理论分析了亚洲国家快速发展的原因，但缺乏对于地区国家出现发展停滞问题的解释。

1997 年亚洲金融危机后，地区国家面临经济增长瓶颈，大量研究转向解释为何东南亚国家经济停滞不前，其中最常见的议题是“中等收入陷阱”。世界银行（World Bank，2006）发现，部分国家在人均收入达到世界中等水平后出现增长动力不足、经济停滞徘徊现象，并基于该现象提出“中等收入陷阱”概念。“亚洲四小虎”被广泛认为陷入“中等收入陷阱”，因为四国均面临收入分配差距明显、储蓄率低、过度城市化、货币供给和通货膨胀波动较大问题（乔晓楠 等，2012）。从生产角度看，四国国内需求不足、净出口占 GDP 比重高、研发能力弱、农业生产比例较高等问题（World Bank，2006）。尽管上述研究描述了“中等收入陷阱”造成的经济困境，但未能深入解释各国陷入“陷阱”的原因。

部分文献对“中等收入陷阱”出现的原因进行了深入讨论（蔡敏 等，2012）。第一类学者用创新能力弱与产业升级困境解释地区经济发展滞缓的原因。大量发展中国家完成了短期工业化转型，但是由于产业结构单一、技术发展有限，产业结构升级困难，受限于技术壁垒，缺乏全球竞争力，导致国家经济增速缓慢（鹿浩，2012）。罗仪馥（2021）将产业转型分为“产业迁出”和“产业迁入”，发现“产业迁出”困难导致泰国产业结构固化。姜文辉（2016）将“四小虎”发展缓慢的原因归结为科技创新能力不足导致的产业升级困难。第二类学者将其归因于国内收入分配不均。收入差距导致国家内需疲软、产能过剩，难以维持经济长期平稳增长，同时由于经济制度“系统性偏向影响力较大者的利益”（World Bank，2006），导致经济不平等现象长期延续甚至加剧。第三类学者从制度质量角度论述地区国家经济发展缓滞问题。考虑到制度对各类经济活动的激励和约束作用，制度一定程度上影响了经济增长速率。郭金兴和胡映（2015；2016）通过比较东南亚和拉美地区经济体和东亚经济体，发现前者创办新企业的质量和数量一般高于后者，东亚经济体制度质量更高。研究认为，发展战略错误可能是拉美和东南亚经济增长缓慢的原因。未能实现持续稳定的经济增长导致地区国家跌落“陷阱”。其他解释还包括“权贵资本主义假说”“路径依赖假说”“发达国家主导的国际经济体系假说”等（蔡敏 等，2012）。上述研究从不同角度探讨了地区国家经济发展放缓的原因。但在目前的研究中，理论构建存在明显缺陷，缺乏一致性理论支撑，导致研究对于发展中国家经济发展滞缓原因的解释力不足。

也有学者反驳称“经济发展模式不可持续”是中等收入国家陷入发展瓶颈的根本原因（王树春 等，2014）。为实现经济发展模式可持续，多数国家面临经济模式、经济增长方式、经济结构和生活方式以及社会治理结构四领域的转型任务。结构性问题造成的经济发展迟滞也是学者研究的重点。袁富华（2012）利用日本为案例分析称发达国家经济增长速度放缓是因为产业结构服务化。蔡昉（2013）和陆明涛等（2016）学者认为人口红利衰退对经济结构造成冲击，进而导致经济增长面临压力。在此基础上，陶新宇等（2017）学者强调投资消费结构和外贸结构的重要性，认为这两个因素在发展中国家经济发展中起到了关键性作用。秦北辰（2023）则通过分析东南亚国家产业结构展现地区国家发展模式引起的产业发展“天花板”问题，认为权力不对称影响了政策配套，使得各国难以跨越劳动密集型生产阶段、实现结构升级。然而，在其他周边国家经济仍然高速发展时，为何马来西亚、印度尼西亚、泰国和菲律宾四国经济表现不如从前？雁行模型失效可能是因为 20 世纪 90 年代日本作为带动东亚各国进行产业升级的头雁作用在不断削弱。徐世刚和姚秀（2005）认为，日本未能及时对信息技术革命做出积极回应，且因为对中国崛起的担忧而在产业技术转让方面“吝啬”。虽然本文同意其关于日本无法再作为头雁发挥作用，但也承认其解释较为乏力。

鉴于既有文献过高评估了国内因素对东南亚国家发展困境的影响，而忽略或低估了国际因素的影响（Wang，2016），且围绕国际因素的分析论证尚显薄弱，笔者认为，世界体系理论可以提供更为全面的视角（Donald，2023）。本文拟从国际、区域和国内三个层面分析“亚洲四小虎”为何出现经济增长停滞问题，以期弥补前人研究的不足。

2.2　理论框架——世界体系理论

受马克思和韦伯思想影响，伊曼纽尔·沃勒斯坦（Immanuel Wallerstein）为代表的学者基于依附理论（dependency theory）提出世界体系理论。该理论植根于资本主义经济，将各国分为核心国家（core countries）、半周边国家（semi-periphery countries）和周边国家（periphery countries）。[①] 核心国家是占主导地位的资本主义国家，从周边国家剥削劳动力和原材料。周边国家发展资本依赖于核心国家，工业不发达。半周边国家同时具有核心国家和周边国家的特征。核心国家诱因、发展机遇和国家自立是周边国家实现跃升的三个关键条件（金泓汎 等，2010）。

在世界体系理论中，“核心—周边”描述的是生产关系，对应的是与垄断程度相关的生产盈利能力。“核心产品”指准垄断生产过程生产的产品，而“周边产品”指存在竞争的生产过程生产的产品。交换发生时，“周边产品”因为竞争产品的存在而处于劣势，而“核心产品”因为生产准垄断处于优势。这些导致盈余价值持续从“周边产品”的生产者向“核心产品”的生产者流动，形成“不平等交换”（Wallerstein，1974）。

沃勒斯坦假设世界生产是“零和游戏”，一位生产者的垄断优势将会令另一位生产者承受损失。在此体系中，“核心产品”会为核心国家带来充盈的利润，帮助其实现资本积累。利益受损者可以通过参与垄断生产者所在国家内的政治斗争，并倾向于支持终结特定垄断优势的政治领导人；或者说服其他国家利用其国家力量支持竞争性生产者，挑战世界市场垄断。随着反垄断进程推进，核心产品会在竞争中

① 也有学者将其译为：核心国家—半外围国家—外围国家或者核心国家—半边陲国家—边陲国家。

逐步变为周边商品。随着投入生产的国家越来越多，相应竞争产品会出现供大于求的现象，生产利润也将逐步降低，生产也会转移到其他生产成本更低的国家。尽管如此，得益于最初准垄断时期的资本积累，核心国家得以投入其他核心产品的生产中，进入下一个循环。这种资本积累可以来源于贸易，也可以来源于原始掠夺（如殖民）。

虽然世界体系理论的提出是基于资本主义市场，但它与古典主义、“新自由主义”、奥地利学派等强调市场自我调节、主张减少政府干预的资本主义不同。在世界体系理论中，政府能力是强大的影响因素。由于准垄断生产依赖于国家法律、物质和权力保障，核心产品生产集中于少数国家，而周边产品生产分散于其他国家，并分别构成了各自国家中的大部分生产活动，因此也可以将这种生产关系直接套用在国家关系上。

强国拥有更高的核心产品准垄断生产份额，同时会倾向于其保护核心过程中的准垄断地位。弱国拥有更高的周边产品竞争生产份额，且无法对轴心劳动分工产生太大影响，大多被迫接受他们所被分配到的命运。位于两者中间的半周边国家是最积极、最公开地提出所谓保护主义政策的国家。他们希望通过此举“保护”其生产过程免受外部更强大公司的竞争，同时试图提高国内公司的效率，以便在世界市场上有更强的竞争力。由此可见，一个国家的本身能力、自立程度、国家机器的强大与否与这个国家是否能够成功实现周边到半周边或半周边到核心地位的升级有紧密的关联。

核心国家为了占据核心产品的准垄断生产地位会采取诸多措施。一个基本措施是专利制度，这使得“新”产品在专利期内十分昂贵，对生产者最有利可图。虽然，会经常产生侵犯专利的情况，但专利仍在一段时间内保护了“专利拥有者”（不一定是个体）的准垄断地位。此外，还会采取保护主义措施，对国家进出口进行限制，以及进行国家补贴和税收优惠，其中较为常见的为进口替代工业化政策（Import substitution industrialization，ISI）。强国还可利用其力量阻止弱国创建反保护主义措施。强国有能力支付高昂的价格，成为某些产品的大规模购买者，从而对某些生产进行买点。强国可以通过制定政策，这些政策的影响对大规模的生产者来说还可以承担，但是会压垮小型的生产者，这种不对称导致市场上小型生产者的消失，从而强化了对于产品生产的垄断。在经济全球化的当下，国家不再是完全独立的个体，一个国家的能力不仅可以影响本国自立的能力，同时也会对其他竞争的国家产生影响。对于周边国家和半周边国家而言，核心国家的影响将对其产生重大的效果。

当然，一个国家在世界体系中的位置并非是固定的，而是双向流动的。巴博内斯（Babones，2005）的研究发现，其 28 年内研究的 103 个国家中有 30 个国家发生了 75 次流动，其中 41 例向上流动，34 例向下流动，有 17 个国家实现了稳定的流动（在该地位持续5年及以上）。从部分案例可见，即便在诸多因素的影响下，周边国家仍然是有可能升级为半周边国家，甚至核心国家。其中，沃勒斯坦（Wallerstein，1974）对日本迅速从周边到半周边直至成为核心国家的迅速发展提供的解释是亚洲国家在19世纪逐一加入世界体系，由于日本拥有强大的国家机器，但资源匮乏，使得世界资本主义力量对其不感兴趣，再加上日本的地理位置远离核心地区，因此得以发展为核心国家。随着世界经济体系逐步扩展，新的地区加入为其他地区的角色转变提供了可能。由此可见，机遇对一个国家“升级”极为重要。

基于世界体系理论，笔者发现从国际、区域和国内三个层面而言，核心国家的影响、周边环境提供的机遇以及国家自身能力对周边国家和半周边国家升级都具有深远影响。在具有三个条件的情况下，周边国家将实现“升级”。

2.3 “亚洲四小虎”的困境

在世界体系理论中，国家间的关系是相对的且具有流动性。沃勒斯坦没有明确量化分类标准，国家的类型划分会根据研究时间和衡量标准发生变化。表1展示了不同研究对于东亚及东南亚国家在世界体系中的类别划分。学者们一致认为日本是核心国家，“亚洲四小龙”中的新加坡和韩国属于半周边/核心国家；中国和越南被认为是周边/半周边国家。本文所探讨的“亚洲四小虎”属于周边/半周边国家，其中马来西亚和印度尼西亚的经济表现较好。东盟其他国家多被判定为周边国家。

表1　部分国家在世界体系理论中的分类

国家	类别		
日本	核心	核心	核心
新加坡	半周边	半周边	核心
韩国	半周边	半周边	核心
中国	半周边	半周边	周边
马来西亚	半周边	周边	半周边
印度尼西亚	半周边	半周边	周边
泰国	无数据	周边	半周边
菲律宾	无数据	周边	周边
越南	半周边	周边	无数据
柬埔寨	周边	周边	无数据

续表

国家	类别		
缅甸	周边	周边	无数据
老挝	周边	周边	无数据
文莱	无数据	无数据	无数据

数据来源：Wallerstein（1974）、Chase-Dunn et al.（2000）、Babones（2005）

根据世界体系理论，一个国家如果希望实现在体系中升级需要具备三项条件，分别是核心国家诱因、机遇、自立（金泓汎 等，2010）。本文将分别从这三个角度分析“亚洲四小虎”在20世纪80—90年代发展迅猛而在进入21世纪以后出现发展放缓状况的原因。

3 国际层面——核心国家诱因

核心国家经济繁荣可以促进半周边、周边国家经济增长，但是各个国家的收益程度并不相同。核心国家的“帝国偏好”是重要影响因素，是探讨周边和半周边国家发展的一个不可忽视的条件（Stubbs，1999）。二战后，尽管核心国家实行保护政策以维护本国经济稳定和充分就业，但全球化趋势仍在蓬勃发展（Horowitz，2004）。周边/半周边国家与核心国家之间的贸易额不断增加。根据世界银行对贸易（占GDP的百分比）的数据统计可发现（见图1），1980年至2000年初，“亚洲四小虎”国家贸易总量（出口和进口的总和）占其GDP比率逐年增加，四国在全球贸易中的参与度提高，呈现出经济开放的趋势。核心国家的保护主义政策与四国经济持续开放增长的矛盾现象可以通过“帝国偏好”解释，即核心国家对其军事利益及意识形态立场的追求。

“亚洲四小虎”均是冷战初期建立的民族国家。这一时期的亚洲地缘政治格局显著受到美苏冷战对抗影响（Stubbs et al.，1994；Tipton，1998）。美国二战前在东亚存在感极低（Wade，2018），但二战后伴随国家战略调整而强势介入地区事务。美国片面地认为中国和朝鲜是发展“太平洋势力范围”面临的“重大威胁”，“遏制共产主义”成为美国外交政策的首要任务（Lee，2020）。美国从意识形态立场出发，积极扶持资本主义阵营盟友，为盟友发展提供了巨大援助。“亚洲四小虎”受美国直接投资刺激迅速发展（Mark，1997）。出口方面，受益于日本、美国以及欧洲（较小程度上）市场准入政策（Pascal et al.，2017），四国产品得以进入更大的市场。上述核心国家诱因引导“亚洲四小虎”在日本和“四小龙”之后顺势发展。

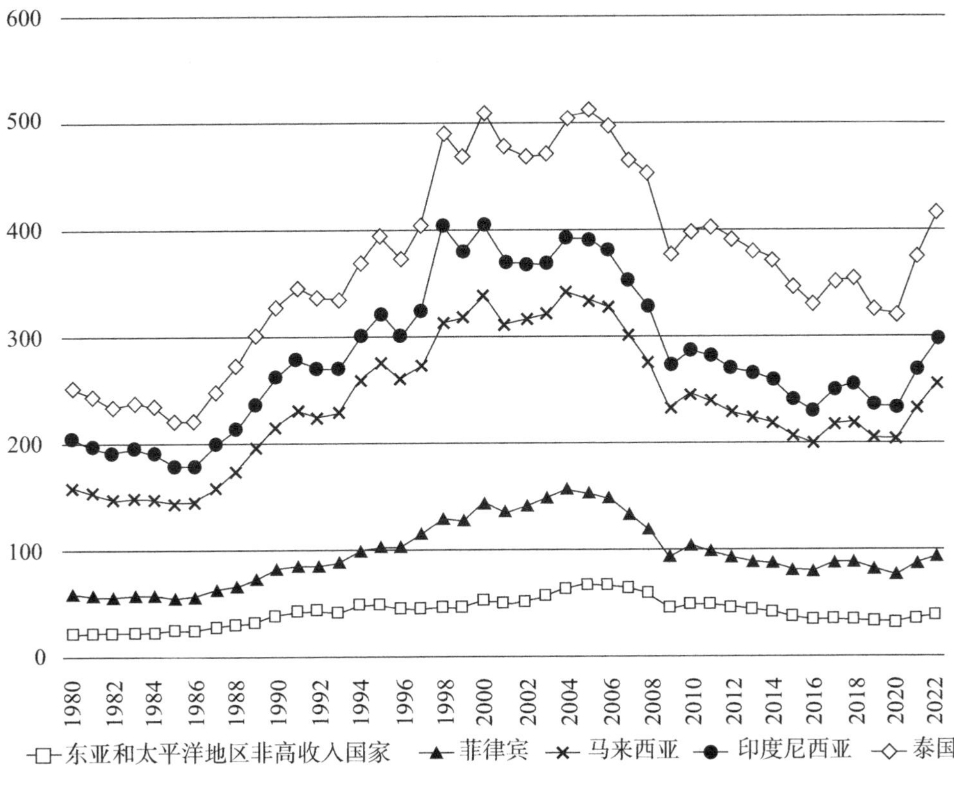

图 1　1980—2020 年部分国家商品贸易量在全国生产总值（GDP）中的占比（%）

（数据来源：世界银行）

核心国家还向四国推行了大量针对性“帮扶”政策。1945—1951 年，英国向包括马来亚在内的远东前殖民地源源不断地提供技术援助和财政支持，总金额高达 21 亿美元（Blackton，1951）。1950 年，美国、英国、日本及澳大利亚推出科伦坡计划（Oakman，2010），通过财政、技术等方面援助为亚洲英联邦国家提供扶持（后续也对亚洲非英联邦国家开放）（Benham，1954），四国均先后加入了该计划。①通过该计划，以美国为首的核心国家以让渡部分核心国家占有的核心产品准垄断生产份额的方式为部分周边和半周边国家提供了一定技术援助，“四小虎”等周边国家得以获得具有相对高附加值的生产技术，实现了早期的少量资本积累。美国还将印度尼西亚、泰国和菲律宾列为“普惠制”发展中受益国（Generalized System of Preferences, GSP），允许三国产品享受关税优惠并获得进入美国市场的有利条件（United States International Trade Commission，2024）。1954 年，美国牵头成立

① 印度尼西亚于 1953 年加入，菲律宾和泰国于 1954 年加入，马来西亚于 1957 年加入。

了东南亚条约组织（SEATO）[①]，以钳制亚洲地区共产主义势力发展。该组织为包括泰国在内的成员国提供了有限的经济援助（Leszek，1981）。美国还协调建立了印度尼西亚问题政府间小组（Inter-Governmental Group on Indonesia, IGGI），帮助印度尼西亚实现经济恢复；1967 年，印度尼西亚与美国签署了技术和经济合作协议。美国与菲律宾在 1946 年签署的贝尔贸易法（Bell Trade Act）以及后续修订的劳雷尔-兰利协定（Laurel-Langley Agreement）在有效帮助菲律宾发展经济的同时将菲律宾的经济发展与美国利益紧密绑定。针对性的财政政策和技术转移政策成为有效推动四国在 20 世纪快速发展的重要核心国家诱因。

如上所述，四国在 20 世纪迅猛发展得益于核心国家的影响。以美国为首的核心国家，有针对性地帮助亚洲部分资本主义国家发展经济，以试图抑制共产主义的传播。然而，伴随着冷战结束，美国等核心国家无力且缺乏强烈意愿为“亚洲四小虎”经济发展提供支持。

21 世纪前后，全球经济发展放缓。2016 年贸易增长率自 1981 年以来第四次低于产出率（World Trade Organization，2017）。此外，2001—2007 年和 2010—2016 年，新兴经济体和高收入经济体的平均实际 GDP 增长和平均实际进口增长在不断下降（Bown，2018）。自 2013 年以来，全球贸易增长率低于全球经济增长率（Park，2018）的现象意味着全球对国际贸易的依赖逐渐减弱。

与此同时，从奥巴马政府倡导的“购买美国货”条款开始，到特朗普政府开始推行以减税、基础设施投资和贸易保护主义为基础的“美国优先”政策，美国和其他核心国家对自由贸易的思想和政治支持开始逐步减弱，保护主义在许多国家重新成为一种看似可行的选择（Park，2018）。这些保护主义政策对以出口型产业为主的亚洲四小虎的发展产生了的影响。“亚洲四小虎”的贸易占全国生产总值百分比在 2000 年逐步呈现下降趋势（见图 1），表明其在国际贸易中的参与程度逐步降低，与核心国家贸易保护的程度呈负相关关系。虽然核心国家的保护主义政策并非第一次出现，但是霍洛维茨（Horowitz，2004）在研究了五个核心国家——英国、法国、德国、日本和美国——保护主义政策后发现，军事利益和意识形态是影响自由贸易的重要原因，而随着两次世界战争以及冷战的结束和苏联的解体，军事利益的影响力被削弱（Shale，2004），因此“意识形态危机”无法同 20 世纪一样，成为驱动核心国家帮助“四小虎”发展的强劲动力。相比于 20 世纪 80 年代核心国家诱因对于亚洲“四小虎”发展的引导，2000 年后，在国际层面，核心国家诱因的减弱使得四国难以保持高速发展。

① 该组织于 1977 年解散。

4　区域层面——机遇

二战后至20世纪70年代初是“资本主义的黄金时代”（United Nations Department of Economic and Social Affairs，2017）。20世纪50年代初到70年代初，全球商品产出增加了四倍，全球商品贸易量增加了八倍（Batchelor，1980）。伴随着全球经济腾飞和制造业迅速发展，亚洲国家的发展也突飞猛进。

地域因素在四国的快速经济发展中发挥着重要作用。强调区域动态对于理解亚洲工业化模式至关重要（Bruce，1984）。学界已经提出了几种生产周期理论的变体，包括“雁型模式”（Akamatsu，1962）和“贸易三角”（Bernard，1995），以解释东南亚快速工业化的原因。尽管动态不同，但这些模型都强调了日本外包劳动密集型生产的过程，以及产品及其生产技术成熟后制造业从日本迁移到工业化程度较低的国家的模式（Bernard，1995）。日本的产业转移和对亚洲发展中国家的投资包括纺织品和化工产品（20世纪70年代），金属制品、通用和运输机械（20世纪80年代），以及电气机械（20世纪90年代）。制造业的扩散与来自日本的大量外国直接投资流出创造了促进周边国家发展的有利条件。到20世纪80年代末，日本已上升为全球最主要的外国直接投资来源地，年度流出额增加到480亿美元，较1985年的65亿美元有大幅跃升（Bernard，1995）。贝西诺与威廉姆森发现日本的外国直接投资在促进东南亚制造业快速增长方面发挥了重要作用，同时还加强了区域间经济相互依存（Pascal et al.，2017）。20世纪90年代开始蓬勃发展的全球价值链（GVCs）在此基础上放大了产业向外转移的好处（Wade，2018）。这一产业转移模式先后成为“四小龙”和“四小虎”作为开放型经济体工业化轨迹的主要指导。

20世纪50—60年代，日本制造业尚未完全发展为资本密集型产业，其产业特点是资本需求量低，对劳动力有初级和中级教育的高需求，适合大量女性劳动力参与（Pascal et al.，2017）。这一时期，日本希望将自身制造业向外转移。工业转移到周边和半周边国家主要依据国家比较优势（Christer et al.，2006）。泰国和印度尼西亚在非技术劳动密集型产业方面具有比较优势，马来西亚、印度尼西亚和菲律宾在人力资本密集型产业方面具有比较优势（Tri，2008）。显然，“亚洲四小虎”相比于其他周边国家更具比较优势。由于人口密集程度和人口素质都符合产业转移需求，四国成功地吸引和承接了由核心和半周边国家转移出的产业。值得注意的是，“亚洲四小虎”的发展模式和“亚洲四小龙”有所不同。不同于“四小龙”的产业发展从承接劳动密集型制造业开始，“四小虎”跨越了劳动密集型（玩具、廉价手表和低质量服装的组装）加工制造业而直接承接了化学品、电机设备和运输机械等资本密集型出口加工制造业，成功实现了跨越式发展（leapfrog development）（Pascal et al.，2017）。“四小虎”因此获得了相对高附加值的周边产品的生产机会。尽管四国仍然处在周边 / 半周边国家的被剥削位置但是已实现了初步资本积累。图2

显示，1980—2000年，四国制造业产品出口在总商品出口中的占比不断增加，第二产业产品出口额逐年增高，逐渐从出口原材料转向出口附加值相对较高的加工商品。在制造业的带动下，产业出口增长从20世纪50年代开始加速，其中，泰国和马来西亚的产业出口增长在1950—1973年高达11%，菲律宾高达7%；虽然印度尼西亚的增长趋势从20世纪70年代才开始，但此后遵循相同轨迹，达到12.9%（Bénétrix，2015）。

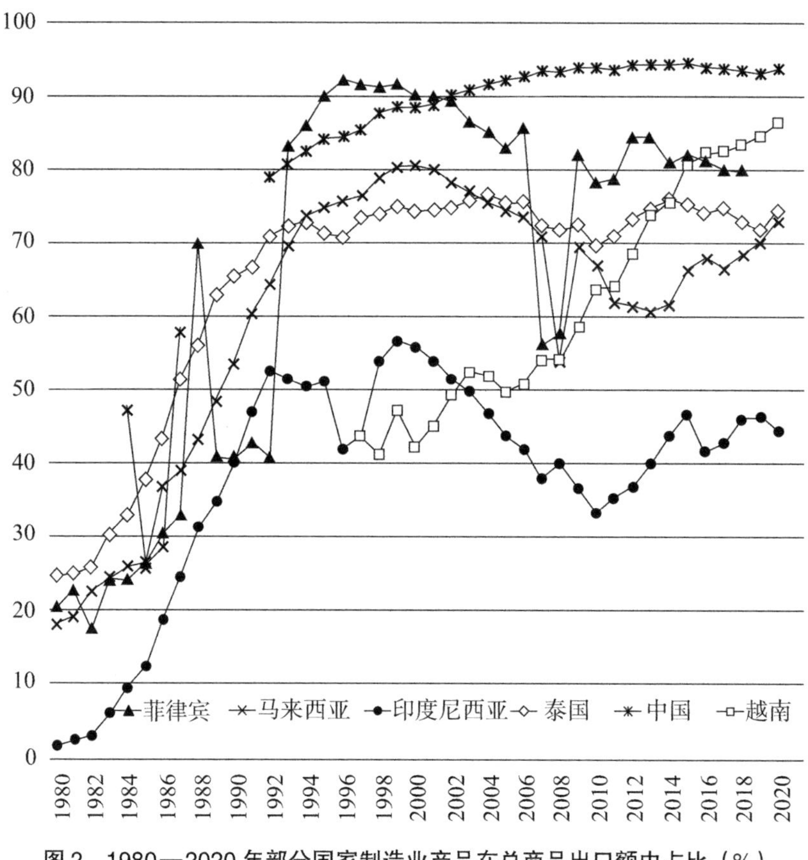

图2　1980—2020年部分国家制造业产品在总商品出口额中占比（%）

（数据来源：Our World in Data）

20世纪60年代至80年代初，区域经济高速发展，中国尚未对外资完全开放（Pascal et al.，2017），“四小虎”得益于这一机遇，实现了高速发展。四国通过充分发挥自身比较优势成功从地区核心和半周边国家获得了产业转移，实现了基本的资本积累和经济增长。但是，比较优势是流动的，而非一成不变的。随着20世纪90年代越南的加入和中国的改革开放，世界体系中出现了新的周边国家，“四小虎”也逐渐失去了原有比较优势（见图3）。

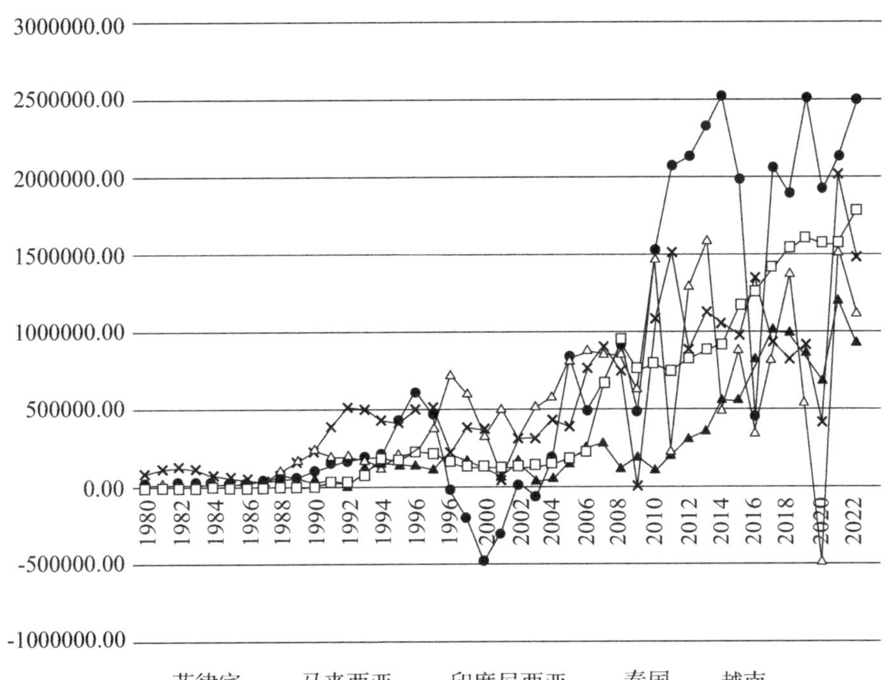

图 3　1980—2022 年部分国家外国直接投资净流入（单位：万美元）

（数据来源：世界银行）

“现代雁型模式”认为，通过跨国公司（分包、许可协议、合资企业、外国直接投资等），经济活动从工业化国家向工业化程度较低的国家转移，该转移顺序与周边国家比较优势的变化同步（Tri，2008）。越南和中国等新加入世界体系的周边国家的优势还包括贸易政策逐步自由化、丰富且相对廉价的人力资本、较小的教育性别差距、较高的劳动力参与率以及参与双赢的区域合作意愿。有效利用外国直接投资及其带来的技术转让可以放大这些因素的积极影响（Rini，2018）。中国作为经济大国的崛起在出口竞争和吸引外国直接投资方面对东盟成员国造成一定威胁，而外国直接投资将有助于经济增长（Okabe et al.，2014）。虽然从绝对数值看，四国获得的净外国直接投资整体呈增长趋势，但是其增长率比越南和中国获得的净外国直接投资的增长率低，反映出其对外来投资的吸引较中国和越南更弱。

自 20 世纪 90 年代末期开始，“亚洲四小虎”第二产业产品出口减少，第一产业出口品增多（Akhmad et al.，2017）。四国在电气、电子机械及器具等生产行业的相对优势逐年降低（Shahid et al.，2021）。1997 年，马来西亚前十大出口产品中一半为第二产业产品，如无线电广播接收器、留声机、录音机以及热离子、光电阴极；而到 2014 年，出口产品前十位中仅有三个为第二产业加工产品。菲律宾在 1997 年出口产品前十位中有六类属于第二产业，2014 年中则有六类是第一产业中的原材料类产品。泰国的第二产业产品出口占比在1997—2014年有所增加，但值得注意的是，原本位居出口品前十位的第二产业珠宝、金饰品和其他艺术品加工等高附加值产品在2014年失去了前十出口地位，取而代之的是第二产业农产品加工等低附加值产品（Akhmad et al.，2017）。四国仍然处于周边/半周边国家位置，主要生产周边产品，且以第一产业产品为主，产品科技含量明显低于核心产品，生产技术壁垒较低，排他性较小也因此极易被替代（Boon-kwee et al.，2011）。此外，随着全球化进程放缓，保护主义政策重新出现，许多国家试图建立双边、多边、区域和超大型自由贸易协定（FTA），以促进贸易量和经济增长。东亚国家试图建立区域自由贸易协定，并参与不同的超大型自由贸易协定，如区域全面经济伙伴关系协定（RCEP）和跨太平洋伙伴关系协定（TPP）（Park，2018）。但贸易协定的签署无法完全抵御国际贸易环境的负面影响，甚至有时带消除贸易壁垒的协定对周边/半周边国家会造成更加不利的影响。约翰逊和诺盖拉（Johnson and Noguera，2017）根据1970—2009年的数据分析发现，在贸易摩擦影响下，生产行业为国家带来的附加价值在逐年递减，该趋势在采用区域贸易协定的国家中尤为突出。在原本生产附加值逐步减少、比较优势减弱的双重区域因素影响下，“四小虎”在21世纪之后缺少了20世纪那样的机遇窗口，难以维持高速的经济发展，因此在周边/半周边国家位置上停滞不前。

5 国内层面——“自立”

学者认为20世纪亚洲的发展是暂时现象，很难被效仿（Meredith，1994）。尽管核心国家诱因和区域发展机遇难以复制，但这些国家的发展模式值得关注。本文认为，属于周边国家的“四小虎”通过“自立”实现了经济迅速发展和国家地位升级。“自立”可以从两方面解释，一是政策制定，二是政策落实。

约翰森最早提出了“发展型国家”（Developmental State）概念，将世界上大多数国家政府描述为与市场经济保持距离的“监管型”政府。“监管型”政府的市场职能有限、简单且直接：政府确保市场保持公平、开放和有竞争性。在规则得到遵守时，政府不会干预市场，而是允许私营企业管理自身事务。政府干预仅在市场违背或削弱开放性、公平性或竞争性等必要时发生（Chalmers，1982）。但亚洲国家政府与上述政府不同。亚洲国家发展由市场和政府制定的增长政策共同主导。成功从“周边”升级的亚洲国家采用复杂程序和措施，以实现工业化（Chang，2006；Wade，2018）。“亚洲模式”在政府规划上包括诸多政策，主要目标是实现宏观经济稳定和增长、提高国内人力资本、控制价格扭曲、建立有效金融系统、对外来技术保持开放态度以及重视农业发展战略，政府主要通过市场竞争机制影响增长功能来实现目标（World Bank，1993）。政府还会进行市场干预，包括推动出口、进行金融压制、定向信贷和选择性发展推广。多重因素在国家内部相辅相成，形成良性循环，在吸引外资实现国家经济增长的同时有效改善收入分配问题。四国长期依靠类似政策推动经济发展。

以实现宏观经济稳定和增长的政策为例，四国作为周边国家为了能够占据市场，参与到核心产品生产中，自 20 世纪 70 年代开始就陆续推出了各类投资政策以吸引外资。四国还建立了政策壁垒，保护本国商品生产。1972 年，泰国颁布第 281 号革命委员会公告（ARC.281），管理外国投资，对所有行业的外国投资准入和经营设置严格壁垒，保护泰国本地企业。1977 年，泰国推出《泰国投资促进法》（Investment Promotion Act），要求全外资企业和外资持有多数股份的合资企业出口至少 80% 的产出；对出口导向型企业给予税负和关税减免。亚洲金融危机后，泰国于 1999 年颁布《外籍商人经商法》（Foreign Business Act），减少了外资进入泰国的限制。通过将国内产业划分为"禁止""限制"和"鼓励"三类，泰国利用"负面清单"模式对外资准入进行管控。菲律宾于 1987 年推行《综合投资法》，整合各类投资激励法案管理国内和外国投资，并定期颁布年度投资优先计划（IPP）。菲律宾政府随后又颁布了一系列法令管理投资，如《外国投资法令》（1991 年）规定外资可从事和限制投资领域；《1993—1998 年中期发展计划》（1992 年）取消外汇管制，加快经济区建设，促进外向型经济发展，改善投资环境；《经济特区法》（1995 年）积极鼓励、促进、引导和加速在具有战略潜力地区的私人投资。马来西亚和印度尼西亚也无一例外地推动相关政策，通过减免税负和扩大优惠的形式吸引外资，同时也对国内公司外国资本占比进行限制，禁止外资完全控股本地企业。研究表明，四国通过相关政策，规定外国投资的优惠措施和鼓励范围、放宽对外资限制，但在部分领域设置保护壁垒。这对四国经济发展带来了积极影响（Pascal et al.，2017），"自立"经济政策对推动周边国家升级有着积极影响。

通过遵循"发展型国家"的"监管型政府"政策，"四小虎"在 20 世纪 80 年代迎来高速经济发展。21 世纪初，"四小虎"也依旧延续之前的政策指导。以马来西亚和泰国为例，马来西亚在 2001 年的《第三个远景计划纲要》中放宽对外资限制，增加外资可投资领域，放宽外商投资企业的股东构成限制；2009 年，马来西亚扩大服务领域对外开放范围和开放程度，开放 27 个具体服务产业并取消这 27 个服务产业中对外资股权的限制、允许外资可以拥有完全股权，上述领域分别属于健康和社会服务、旅游服务、交通服务、商业服务和计算机等；2011 年，马来西亚政府放宽电讯、卫生、职业、环境、商业分销、教育和旅游 7 个服务领域共计 18 个具体服务行业的对外限制，允许外资在这些行业的持股比例达到 100%。泰国在 2016 年制定了《泰国 4.0 战略》；2019 年泰国对《外籍商人经商法》进行修订，将电信业务（1 类许可证）、财务中心、部分飞机维护和高附加值软件开发活动从"限制"性业务类别清单中删除。即便出台的政策依旧遵循"亚洲模式"但是从世界银行统计数据发现，四国未能延续经济高速发展趋势，可见国内的政策推行并非是其经济发展的决定性因素。

能否落实经济政策是决定一国能否实现经济发展的必要条件。有的学者认为亚洲“发展型国家”政府普遍具有“威权主义”特征。哈格德（Haggard，2018）认为亚洲最初的“发展型”经济体都是能可信地执行政策的有效的威权主义政权，政府与企业之间关系紧密但仍起到监管作用、劳工运动较弱，以及政治上独立且有行政能力。威权使得周边国家从消费转向投资的资源重新分配更为容易。显然，威权政府更容易执行改革和规避民粹主义压力（Haggard，1990)。然而，将上述国家均归类为威权国家也存在问题，因为威权并不能准确反映该政府是否属于有凝聚力和有目的的“韦伯式官僚制机构”，因为部分官僚制机构仅是统治者的私人仆人（Atul，2004)。尽管两者同样会被归类为威权，但仅有第一种可能带来长期发展。将其定义为“强大的制度性国家”或“强大的国家机器”会更加准确。借鉴斯塔布斯的观点，一个强大的制度性国家，其特点是有效官僚制度和权威主义，对于东南亚成功执行出口导向型工业化战略至关重要，因为“一个与商业社区联系紧密的强大制度性国家能够采纳并全面实施必要的政策改革”（Richard，1999)。一个拥有自治权且稳定的周边国家才能够对国家经济财政进行有效管控、积极协调企业劳资关系、官僚机构（尤其关键的经济官僚机构）通过政策对经济进行有效管控、对国内产业进行“行政指导”、存在政府支持的特殊私营部门组织以及可以管控国内的国外资本（Meredith，1994)。在世界体系理论中，沃勒斯坦也反复强调强有力的国家机器在核心产品生产中可以发挥作用，通过说服国家利用其国家力量支持竞争性生产者以挑战垄断生产（Immanuel，1974)。世界银行（World Bank，1993）已经给出了有效的“发展模式”，但是一个国家是否真的可以从周边国家升级取决于其是否拥有一个强大的国家机器使得相关政策能够有效落实，四国中存在相似的规律。

本文将四国国内的政治变化依照事件类型（大选 / 社会动荡 / 危机）以及政党是否轮替进行分类，并根据国家政治事件进行赋值（见表 2)。本文以此分类赋值代表其国内政治的稳定程度，数值越高则代表事件影响越大，国内动荡程度越高。依照四个国家主要的历史事件进行分类赋值，得到图 4。

表 2　政府事件分类赋值

事件	政党延续 / 轮替	
大选	大选 - 政党延续 -1	大选 - 政党轮替 -2
社会动荡	动荡 - 政党延续 -3	动荡 - 政党轮替 -4
危机（军事政变 / 社会运动）	危机 - 政党延续 -5	危机　政党轮替 -6

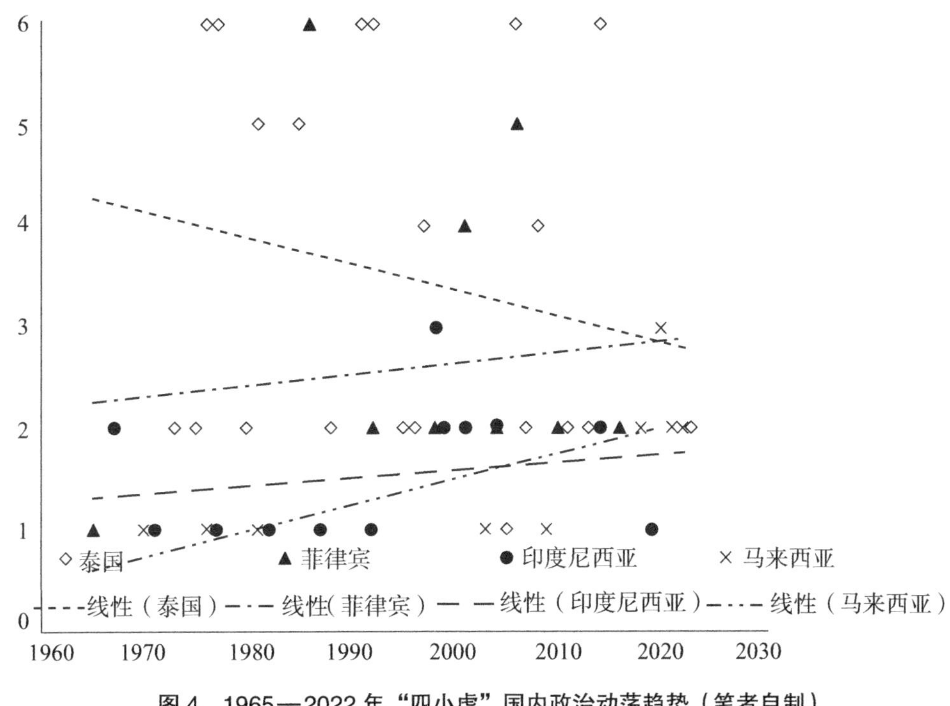

图 4　1965—2022 年"四小虎"国内政治动荡趋势（笔者自制）

由图 4 可见，除泰国外，其他三国随着时间的推移，国内政治稳定程度逐渐下降。与此同时，相关国家的 GDP 增长率也自 20 世纪 80 年代中期开始呈现逐步下降的趋势。政治不稳定可能导致基于政府政策方向的转变，不同的意识形态影响下的经济目标和战略存在差异，可能导致政局变化后的重大政策转变。这种变化将破坏政策连续性，特别是在政策稳定对于经济协调至关重要以及通胀或通货紧缩预期可能显著影响市场行为和投资决策的国家（Ton，1998)。"四小虎"中，泰国国内政治逐渐趋于稳定，军事政变等社会危机持续时间较短，新政府并没有对之前的经济政策进行修订更改。相比之下，进入 21 世纪以来泰国的政治变革影响力更大，对其政策延续性也有所影响。这与鹿浩（2012）的观点相吻合，他认为由于泰国政局频繁更替，各届政府经济政策都属于短效型，没有明确、稳定的长期经济政策，这阻碍了泰国经济稳步增长。日本的案例也验证了这一观点。随着日本中央政府权力和职能被大幅削弱，约翰逊曾描述的"发展型"政府似乎已经过时。面对新经济配置崛起，日本"国家主义"传统已经失去了对权力的控制。特别是自 1994 年泡沫经济破裂以来，日本将解除管制、权力下放和去官僚化变为常态。这个国家已经从"发展型"转变为拥有类似于其他民主国家的"监管型"特征（Akira，2011)，使得其发展放缓。

虽然有稳定的国家结构并不能保证国家领导人在任何时候都致力于经济增长，然而如果不具有稳定的国家结构，有利于增长的政策就不可能产生预期效果

（Akira，2011）。20 世纪，“亚洲四小虎”作为周边国家，在有效政策和稳定的国家政治的双重驱动下，实现了高速经济发展。然而，受到国内政治动荡、政策连续性减弱等因素影响，“四小虎”在依旧颁布吸引外资的政策的基础上逐渐失去发展动力。

6 来自中国的新机遇

基于世界体系理论的分析发现，“亚洲四小虎”面临的经济发展困境是国际、区域和国内三重因素导致的。20世纪80—90年代，区域内产业分工遵循雁行模式，在日本、“亚洲四小龙”等“头雁”的引领下，“亚洲四小虎”获得了发展机遇。同时，美国等核心国家的支持、相对稳定的国内政治局势以及四国强大政府推行的稳定的积极政策都促使四国迎来经济发展高速期。然而，1997 年亚洲金融危机后四国经济发展陷入停滞。全球化高速发展、国际生产分工模块化革命、中国作为制造业大国的崛起以及信息技术时代的技术革命导致四国比较竞争优势骤减。在这样的时代大环境下，中国的崛起或为“亚洲四小虎”带来新发展可能。

作为东南亚地区的重要经济合作伙伴，中国自 20 世纪迅速从周边国家上升为半周边国家，同时仍在以高速发展、向核心国家迈进。中国的崛起为四国产业布局提供新的条件。

第一，作为“准核心”国家，中国对地区国家投资多样化，为四国产业升级和经济发展提供了新的核心国家诱因。数据显示，中国在东盟的直接投资规模在过去十年中显著提升。2022 年，中国对地区直接投资流量为 186.5 亿美元，在地区直接投资存量达 1546.6 亿美元（中华人民共和国商务部 等，2023）。相较于 2012 年对东南亚地区投资规模，中国投资流量上升了 205.7%，存量提升了 447.7%。中国对地区国家投资行业也发生了明显转变。中国在地区内投资从聚焦低附加值制造业和房地产逐渐转变为对更先进制造业、关键原材料加工、能源产业和数字经济的投资。其中，中国对东南亚地区国家制造业投资力度明显提升：2022 年，中国对地区国家制造业直接投资流量达 82.1 亿美元，占总投资流量的 44%。此外，“一带一路”倡议带动了中国对地区基础设施建设投资，倡议转型或为地区国家产业发展提供新助力。2013—2021 年，中国在地区内共实施了 131 个“一带一路”倡议计划，涵盖港口、铁路、电力基础设施等大型基础设施项目，为地区产业发展提供了必备基础。伴随着“一带一路”倡议向“小而美”方向转型，中国在地区的投资重心正从大型基础设施项目向健康、数字经济等领域发展，为地区新兴产业发展提供支持。

第二，中国积极推动区域发展领域，为亚洲的周边 / 半周边国家创造新的区域发展契机。中国着意于构建互利共赢的区域生产网络。其一，中国经济战略和产业政策避免政治化和“泛安全化”趋势，或为四国突破产业发展瓶颈提供了新的上行通道。不同于传统核心国家在重塑全球供应链和价值链过程中强调安全至上，中国在产业合作中突出普惠原则，强调合作双方彼此需求和经济效益。因此，中国主导的产业合作更有意愿帮助合作伙伴解决产业发展的资源匮乏问题，以应对产业发展瓶颈困境（秦北辰，2023）。其二，中国主导的双边或区域贸易和投资协定强调灵活性、开放性和包容性，尊重伙伴国家发展性及需求。例如，中国主导的 RCEP 明确将通过削减关税及非关税壁垒发展区域经济一体化，但在规则制定中减少了限制性条款约束，承诺对发展中经济体给予特殊和差别待遇，并将通过经济和技术合作条款对欠发达国家提供帮助（余淼杰 等，2023）。相较于传统核心国家主导的强约束力贸易协定对参与国贸易造成的潜在负面影响，中国倡导的协定“灵活性”更符合地区国家的发展状况，也更可能为四小虎等发展中国家提供持续发展机遇。

总体上，“亚洲四小虎”国家发展仍存挑战。核心国家带动四国发展的意愿降低使得四国发展乏力，陷入发展瓶颈期。而中国国家地位的不断提升以及在区域经济发展中的带动作用将为四国产业发展提供了新机遇。

7　结论

在探讨“亚洲四小虎”的发展困境中，本文借助世界体系理论分析了影响四国经济发展的多重维度。本研究中，“四小虎”均被归类为周边 / 半周边国家，这一定位一定程度上解释了它们在全球经济中所面临的挑战。核心国家诱因、机遇以及四国自立能力是其经济能否成功发展的三大关键条件。

核心国家的经济繁荣可为周边和半周边国家提供重要发展机遇，但在不同国际政治和经济背景下，核心国家诱因的发展带动作用存在显著差异。20 世纪中后期，以美国为首的核心国家对“亚洲四小虎”实施了一系列帮扶政策，促进四国快速发展。然而，进入 21 世纪以来，全球经济增长放缓，加之美国和其他核心国家对自由贸易支持度的减弱，导致“四小虎”发展减缓。在区域层面，20 世纪“资本主义黄金时代”为“四小虎”提供了前所未有的发展机遇。通过充分利用比较优势成功吸引外国直接投资，四国经历了快速经济增长。特别是日本对亚洲其他国家的产业转移和投资，在促进“四小虎”经济增长方面发挥了重要作用。然而，随着中国和越南等新兴经济体的崛起，以及全球化进程放缓，“四小虎”比较优势逐渐丧失。在国内层面，政策制定和有效执行是四国能否实现自立和持续发展的关键。20 世纪，“发展型国家”概念指导了四国的经济政策。通过政府的积极干预和规划，四国成功实现了经济快速增长。然而，政治稳定性的下降、政策连续性匮乏，以及全球经济环境变化都对四国维持快速发展的能力构成了挑战。

综上所述，“亚洲四小虎”发展是在特定时代环境下的，涉及国际、区域和国内多个层面的相互作用。当前，四国发展面临困境。随着中国的崛起和对该地区投资的显著增长，尤其是在制造业、基础设施和数字经济领域投资增加，中国或将带动区域整体发展，为四国经济发展提供新机遇。

参考文献

蔡昉，2013. 从人口学视角论中国经济减速问题 [J]. 中国市场（7）：12–16.

蔡敏，周端明，2012. "中等收入陷阱"研究文献述评 [J]. 政治经济学评论，3（3）：185–198.

郭金兴，胡映，2015. 拉美、东南亚和东亚经济体跨越中等收入陷阱的比较研究 [J]. 学海（2）：15.

郭金兴，胡映，2016. 典型地区跨越中等收入陷阱的比较研究 [J]. 亚太经济（5）：13.

国务院，2023. 共建"一带一路"：构建人类命运共同体的重大实践 [R]. 北京：国务院 .

姜文辉，2016. 产业升级、技术创新与跨越"中等收入陷阱"——东亚和东南亚经济体的经验与教训 [J]. 亚太经济（6）：14.

金泓汎，全毅，2010. 亚太地区崛起的路径与特征 [J]. 亚太经济（3）：3-9.

李玉梅，2015. 东亚产业结构变迁中的"候鸟经济"现象与我国沿海产业转移因应策略 [J]. 国际贸易（11）：43–48.

刘慧悦，2017. 东南亚国家产业转移的演进：路径选择与结构优化 [J]. 东南亚研究（3）：29.

陆明涛，袁富华，张平，2016. 经济增长的结构性冲击与增长效率：国际比较的启示 [J]. 世界经济，39（1）：24–51.

鹿浩，2012. 浅谈发展中国家的中等收入陷阱 [J]. 环渤海经济瞭望（1）：29-31.

罗仪馥，2021. 东亚产业链变迁与跨越"中等收入陷阱"——以泰国的经济发展为例 [J]. 东南亚研究（1）：38-63+153-154.

乔晓楠，王鹏程，王家远，2012. 跨越"中等收入陷阱"：经验与对策——一个基于马克思主义经济学的视角 [J]. 政治经济学评论，3（3）：168–184.

秦北辰，2023. 东南亚在国际产业转移中的困境与机遇 [J]. 东南亚研究（4）：40-68+155.

陶新宇，靳涛，杨伊婧，2017. "东亚模式"的启迪与中国经济增长"结构之谜"的揭示 [J]. 经济研究，52（11）：43–58.

王树春，王俊，2014. 论跨越"中等收入陷阱"的可持续经济发展模式 [J]. 天津商业大学学报，34（6）：41–47.

徐世刚，姚秀丽，2005. "雁行模式"与东亚地区产业分工的新变化 [J]. 东北亚论坛（3）：18.

袁富华，2012. 长期增长过程的"结构性加速"与"结构性减速"：一种解释 [J]. 经济研究（3）：127–140.

余淼杰，蒋海威，2023. 从 RCEP 到 CPTPP：差异、挑战及对策 [J]. 国际经济评论（2）：129-144.

中华人民共和国商务部，国家统计局，国家外汇管理局，2023. 2022 年度中国对外直接投资统计公报 [R]. 北京：中华人民共和国商务部，国家统计局，国家外汇管理局 .

AKAMATSU K, 1962. A Historical pattern of economic growth in developing countries[J]. The Developing Economies, 62(1): 3–25.

AKHMAD J, AZIZ H A, 2017. Comparative advantage analysis and products mapping of Indonesia, Malaysia, Philippines, Singapore, Thailand, and Vietnam export products[J]. Journal of Developing Economies, 2(1).

AKIRA N, 2011. MITI and the Japanese miracle revisited: reevaluation of the administrative-centered government[J]. Public Administration Review, 71(6) : 931–33.

ATUL K, 2004. State-directed development: political power and industrialization in the global periphery[M]. Cambridge: Cambridge University Press.

BATCHELOR R A, MAJOR R L, MORGAN A D, 1980. Industrialisation & the basis for trade[M]. Cambridge: Cambridge University Press.

BÉNÉTRIX A S, KEVIN H O, JEFFREY G W, 2015. The spread of manufacturing to the periphery 1870-2007[J]. Open Econ Review, 26: 1–37.

BENHAM F, 1954. The Colombo plan: economica[J]. New Series, 21(82) : 93–112.

BLACKTON C S, 1951. The commonwealth of nations has mapped out a six-year program of aid for Southern Asia. what are its chances for successful implementation? [J]. Far Eastern Survey.

BOON-KWEE N, KANAGASUNDARAM T, 2011. Sectoral innovation systems in low-tech manufacturing: types, sources, drivers and barriers of innovation in Malaysia's wooden furniture industry[J]. International Journal of Institutions and Economies, 3(3): 549–574.

BOWN C P, 2018. Trade policy toward supply chains after the great recession[J]. IMF Economic Review, 66(3) : 602–616.

BRUCE C, 1984. The origins and development of the Northeast Asian political economy: industrial sectors, product cycles, and political consequences[J]. International Organization, 38(1) : 1–40.

CHALMERS J, 1982. MITI and the Japanese miracle: the growth of industrial policy, 1925—1975[M]. Stanford, California: Stanford University Press.

CHANG H J, 2006. The East Asian development experience: the miracle, the crisis and the future[M]. London: Zed / TWN.

CHASE-DUNN C, KAWANO Y, BREWER B D, 2000. Trade globalization since 1795: waves of integration in the world-system[J]. American Sociological Review, 65(1): A2.

CHRISTER L, SJÖBERG Ö, 2006. The economic impact of globalisation in Asia-Pacific: the case of the flying geese model[M]// Globalisation and economic growth in China, series on economic development and growth. [S.l. : s.n.], 1: 159–77.

DONALD A A W, 2023. Trapped in the semi-periphery: understanding the middle-income trap from a world-systems theory perspective[J]. Journal of World-Systems Research, 29(1) : 174–192.

HAGGARD S, 1990. Pathways from the periphery: the politics of growth in the newly industrializing countries[M]. Ithaca, N.Y.: Ithaca.

HAGGARD S, 2018. Developmental States[M]. Cambridge: Cambridge University Press.

HOROWITZ S, 2004. Restarting globalization after World War II: structure, coalitions, and the cold war[J]. Comparative Political Studies, 37(2) : 127–151.

HUI Zhang, TANG Yuxuan, YAN Qiangming, 2022. Comparative analysis of economy along the Belt and Road[M]//LIU W, ZHANG H. The Belt and Road: industrial and spatial coordinated development. Global economic synergy of Belt and Road initiative. Singapore: Springer.

IMMANUEL W, 1974. The rise and future demise of the world capitalist system: concepts for comparative analysis[J]. Comparative Studies in Society and History, 16 (4) : 387–415.

JOHNSON R C, NOGUERA G, 2017. A Portrait of trade in value-added over four decades[J]. The Review of Economics and Statistics, 99(5): 896–911.

KIYOSHI K, 2000. The "flying geese" model of Asian economic development: origin, theoretical extensions, and regional policy implications[J]. Journal of Asian Economics, 11(4) : 375–401.

KWAN C H , 2001. Yen Bloc: toward economic integration in Asia[M]. Blue Ridge Summit: Brookings Institution Press.

LALL S, 1996. Learning from the Asian Tigers: studies in technology and industrial policy[M].

Basingstoke: Palgrave Macmillan.

LEE J, 2020. US grand strategy and the origins of the developmental state[J]. Journal of Strategic Studies, 43(5) : 737–761.

LESZEK B, 1981. SEATO: why it survived until 1977 and why it was abolished[J]. Journal of Southeast Asian Studies, 12(2) : 287–296.

LIN Y F J, ANNE K, DANI R, 2011. New structural economics: a framework for rethinking developmen [J]. The World Bank Research Observer, 26(2) : 193–229.

MADDISON A, 1984. Phases of capitalist development[M]. Oxford: Oxford University Press.

MARK B, BORER D, 1997. Introduction: the rise of East Asia: critical visions of the Pacific century[M]// The rise of East Asia. Oxford: Routledge.

MEREDITH W, 1994. The “new authoritarianism” in East Asia[J]. Current History, 93(587): 413–416.

MITCHELL B, RAVENHILL J , 1995. Beyond product cycles and flying geese: regionalization, hierarchy, and the industrialization of East Asia[J]. World Politics, 47(2): 171–209.

TON N, 1998. Policy continuity, policy change, and the political power of economic ideas[EB/OL]. [2023-10-10]. https://www.sv.uio.no/arena/english/research/publications/arena-working-papers/1994-2000/1998/wp98_17.htm.

OAKMAN D, 2010. Facing Asia: a history of the Colombo plan[M]. Canberra: Australian National University E Press.

OKABE M, SHUJIRO U, 2014. The impact of AFTA on intra-AFTA trade[J]. Journal of Asian Economics, 35: 12-31.

PARK S C, 2018. U.S. Protectionism and trade imbalance between the U.S. and Northeast Asian countries[J]. International Organisations Research Journal, 13(2): 76–100.

PASCAL B J, WILLIAMSON J G, 2017. From commodity booms to economic miracles: why Southeast Asian industry lagged behind[M]// O’ROURKE, H K, WILLIAMSON J G. The spread of modern industry to the periphery since 1871. Oxford: Oxford University Press.

RINI S, ADININGSIH S, WIDODO T , 2018. The dynamics of comparative advantage in the ASEAN region[J]. Munich Personal RePEc Archive, 86541.

SALVATORE B, 2005. The country-level income structure of the world-economy[J]. Journal of World-Systems Research, 26: 50.

SHAHID M M, BASHIR F, UR REHMAN H, et al., 2021. Revealed comparative advantages and exports competitiveness of ASEAN-5 countries in the global market[J]. Review of Economics and Development Studies, 7(2): 267–276.

STUBBS R, GEOFFREY R D U, 1994. Political economy and the changing global order[M]. Basingstoke: Macmillan.

STUBBS R, 1999. War and economic development: export-oriented industrialization in East and Southeast Asia[J]. Comparative Politics, 31(3) : 337–340.

TIPTON F B, 1998. The rise of Asia: economy, society, and politics in contemporary Asia[M]. Honolulu: University of Hawaii Press.

TRI W, 2008. Dynamic changes in comparative advantage: Japan “Flying Geese” model and its implications for China[J]. Journal of Chinese Economic and Foreign Trade Studies, 1(3): 200–213.

United Nations Department Of Economic And Social Affairs, 2017. UN-DESA policy brief #52: the Marshall plan, IMF and first UN development decade in the golden age of capitalism: lessons for our time[R]. New York: United Nations Department of Economic And Social Affairs.

United States International Trade Commission, 2024. Harmonized tariff schedule general note 4:

generalized system of preferences (GSP)[EB/OL]. [2024-10-10]. https://hts.usitc.gov/.

VERNON R, 1966. International investment and international trade in the product cycle[J]. The Quarterly Journal of Economics, 80(2) : 190–207.

VU T, 2010. Paths to development in Asia: South Korea, Vietnam, China, and Indonesia[M]. New York: Cambridge University Press.

WADE R H, 2018. Escaping the periphery: the East Asian "mystery" solved[Z]. UNU-WIDER: WIDER Working Paper.

WALLERSTEIN I, 2004. World-systems analysis: an introduction[M]. Durham: Duke University Press.

WANG Yikai, 2016. The political economy of the middle-income trap: implications for potential growth[J]. Asian Development Review, 33(2) : 167–181.

World Bank, 1978. World development report 1978[R]. Washington: World Bank.

World Bank, 1993 . The East Asian miracle: economic growth and public policy[EB/OL]. [2023-10-10]. http://documents.worldbank.org/curated/en/975081468244550798/Main-report.

World Bank, 2006. World development report 2006: equity and development[R]. Washington: World Bank.

World Trade Organization, 2017. World Trade Statistical Review 2017[EB /OL]. [2023-10-10]. https://www.wto.org/english/res_e/statis_e/wts2017_e/wts2017_e.pdf.

ZHANG H, TANG Y X, YAN Q M, 2022. Comparative analysis of economy along the Belt and Road[M]// LIU W, ZHANG H. The Belt and Road: industrial and spatial coordinated development: global economic synergy of Belt and Road initiative. Singapore: Springer.

作者简介

程泽笠，剑桥大学政治与国际研究系博士研究生。主要研究领域：东南亚政治经济发展、马来西亚政治研究。电子邮箱：zc351@cam.ac.uk。

范诗雨，清华大学国际与地区研究院博士研究生。主要研究领域：马来西亚政治经济、东南亚女性和家庭研究。电子邮箱：fansy24@mails.tsinghua.edu.cn。

中缅海上设施联通发展与展望

商雨晴

摘 要：本文探讨了中缅海上基础设施联通的重要性、发展困难点及展望。文章分析了基础设施联通对增强中缅海上联系、促进区域经济一体化的重要意义。然而，缅甸政局不稳定、来自其他国家的干预及技术问题成为合作的主要障碍。针对这些问题，文章提出了加强国际合作和技术合作等建议，旨在推动中缅海上基础设施联通的顺利进行，促进双方经济的繁荣与发展。

关键词：中缅关系；互联互通；海上基础设施；国际合作

Development and Prospects of China-Myanmar Maritime Infrastructure Connectivity

Shang Yuqing

Abstract: This article explores the importance, challenges, and prospects of maritime infrastructure connectivity between China and Myanmar. The analysis highlights the significance of infrastructure connectivity in enhancing maritime links between China and Myanmar and promoting regional economic integration. However, the connectivity faces major obstacles such as Myanmar's political instability, interference from other countries, and technical issues. To remove these obstacles, the article suggests strengthening international cooperation and technical collaboration to facilitate the smooth progress of connectivity between China and Myanmar, thereby promoting economic prosperity and development for both parties.

Keywords: China-Myanmar relations; connectivity; maritime infrastructure; international cooperation

在当今世界各国构建人类命运共同体进程中，基础设施的建设是重要的动力保障，它超越了各国自然地理边界，将世界各国的不同经济功能联系到了一起，能够让全球化合作更加高效互利。跨越国境的基础设施建构能更紧密地加强供应链伙伴关系，形成经济的区域一体化。通过加强设施联通推进区域经济一体化的措施不断提出，多形式的基础设施的联通逐渐改变了途经国家和地区的功能定位，成为拉动区域经济增长、提供高质量发展内生动力的造血核心。

基础设施互联互通中，水陆空的传统交通基础设施建设是国际合作中的重要领域。缅甸地处中南半岛的西部，是连接东南亚和南亚的重要通道，地理位置优越，特别是位处印度洋出海口的优势，使其掌握海上交通要道，成为“一带一路”重要伙伴国，一直以来与中国维持着密切的经贸联系。

中国与缅甸的水上关系可以追溯到古代时期。缅甸位于中国以南，是中国通往印度洋的重要通道。古代的水资源利用主要集中在伊洛瓦底江流域（中国境内段称为独龙江），这条河流贯穿缅甸全境，是缅甸最重要的内河航道。早在汉代，水路就早已在“南丝路”中的滇缅商道上发挥重要作用，中国的商人和使节通过陆路和水路进入缅甸，进行贸易和外交活动。此时的水资源关系主要体现在内河航运上，通过伊洛瓦底江和其他河流，两国之间的货物运输得以进行。宋代的《新唐书》中有记载，中国使节曾经通过伊洛瓦底江抵达缅甸首都，这显示了当时两国在水资源利用方面的联系。清时期，中缅之间的关系也逐渐紧密。两国通过陆路和水路进行的贸易活动日益频繁，清政府对缅甸的关注也体现在加强对南方边境地区的管理和开发上。通过水路，缅甸的农产品、木材和矿产等资源被运送到中国，而中国的丝绸、茶叶和瓷器等商品也进入缅甸市场（全洪涛，2015）。

缅甸的水上交通发展对于缅甸有着重要的作用，特别是依托重要的地理位置，缅甸的海上基础设施建设领域有很强的发展潜力，但是缅甸的海运发展由于技术落后、资金缺乏、政治复杂等问题仍然存在困难，一定程度上制约了中缅共同推进海上经济合作的高质量发展的进程。缅甸作为中国的重要经贸合作伙伴，其海上基础设施联通对中缅两国均意义重大，前景广阔，也亟待从多个维度进行全面改善。

1　中缅海上设施联通必要性

1.1　为增强中缅海上联系开拓运输新通道

缅甸位于中国的西南方向，贯通中缅海上通道不仅能增加中国在印度洋海上经济的安全性，同时也能为缅甸带来新的经济增长点。皎漂港就是一个很好的例子，其位于缅甸若开邦马德岛，主要建设项目包括万吨级原油码头和原油罐区等重要的能源基础设施工程。皎漂港的建设会助推皎漂这座城市乃至整个缅甸的经济发展。伴随皎漂港建设的还有皎漂经济特区，缅甸曾规划推进三个经济特区的建设用以推动缅甸经济发展。皎漂特区就是其中之一。三个特区中由日本开发的迪洛瓦经济区已经投入使用，现已入驻了约二十个国家和地区的一百余家企业。相比于这个坐落于仰光周边的项目，皎漂港的地理位置确实较为偏远，但依托中国的技术和资金支持，预计建成后，皎漂将改变其现有的城市属性，从“小渔村”升级为一座综合型的港口城市，未来预计将为缅甸每年的GDP产生近百亿美元的贡献。皎漂港项目的建成不仅将对缅甸的城市建设起到推动作用，也对中国的能源安全意义重大。在2009年中缅共同筹划深水港项目前，起点设在皎漂的中缅油气管道已经开始建设。皎漂港建成后，将与铁路配合，直接连通云南、广西、四川等中国省份，成为中国与其他大洲以及国家的货运通道，大幅减少运输时间和成本，提升运输安全性，为与中国加强能源合作开辟新的通路。

1.2 成为纽带增强中国东盟海上联系

在论述中缅海上基础设施联通对于增进缅甸对于东盟的纽带作用前，需先介绍交通运输规划研究中的“可达性”这一概念。可达性是指在运输网络中从一个顶点到另一个顶点的容易程度，通常被认为是交通基础设施效益提升的重要衡量标准。交通基础设施可达性的提高可以极大程度地增加区域间人员交往和货物流动的机会和程度（李砚忠 等，2022）。跨国互联互通一般指通过铁路、公路、桥隧、港口及机场等基础设施实现的空间链接，当两地的人或物可以通过以上一种或多种基础设施连接时，可以认为该两地是可达的（宁留甫，2016）。一般跨国的设施联通分为两国模式与三国及三国以上的多国模式，两国模式由投资国和东道国构成，一般为一方发起或两国共同发起，利益分配达成共识容易，风险更易控制；多国模式由于参与的国家更多，各国利益和风险点不尽相同，更难以达成共识，项目成功的困难也就相对较大。跨国的设施联通作为沟通的物理载体缩短了多国间的通达时间，提升了沟通效率，扩大了市场规模，提升了资源运转效率，因此能激活地区经济，是区域经济一体化和经济全球化的重要推动力量。

中国在深化与“一带一路”共建国家互联互通的进程中，最早在东盟将互联互通从国家间拓展到全方位沟通，将基础设施互联互通建设作为重中之重。中国努力通过技术和资金支持帮助东盟各国改善基础设施建设落后的现状。从2009年开始，中国领导人几乎在每一次会议上都强调“构筑互联互通的区域基础设施网络”。21世纪海上丝绸之路建设的推进以及亚洲基础设施投资银行、丝路基金等正式成立，为中国－东盟命运共同体建设注入了强劲的动力（赵可金 等，2018）。

已经发布的《东盟互联互通总体规划2025》提出了“实现东盟无缝、全面互联和一体化，提升竞争力、包容性和更强共同体意识”的愿景，在人员、机制、实体三大方面实现基础设施、数字创新、物流、管理及人员的互联互通。东盟各国在地理上兼具陆地连接与海洋连接两种方式，且海洋连接更具有通达全部东盟国家的优势，因此海上基础设施联通对于全面提升东盟互联互通程度意义重大。

在东盟地区层面，中国与东盟国家均已有了海上设施互联互通的合作，且已取得了较多成果。中国－东盟港口城市合作网络的朋友圈不断发展壮大，目前成员已发展到39家。中国－东盟港口间的航线开通呈现新动态。广西北部湾港已开通至东盟国家的直航航线 15 条，航线涉及新加坡、越南等国的 14 个港口（中华人民共和国商务部，2019）。

中国交通运输部数据显示，“十三五”期间，中国港口规模不断扩大，年末全国港口万吨级及以上泊位 2,878 个，比上年末增加 127 个。沿海港口万吨级及以上泊位 2,409 个，增加 109 个（中华人民共和国交通运输部，2024）。在全球港口集装箱吞吐量和货物吞吐量排名前 10 名的港口中，中国港口占 7 席。随着中国 – 东盟的合作网越织越密，缅甸也成为更不可或缺的一环。缅甸毗邻中国，在“一带一路”海上基础设施连通方面有举足轻重的作用，推进中缅港口合作正当时。而中缅目前合作的重要海上设施中仅有皎漂港在推进中，缅甸可将远洋航线串联起沿线的重点港口与城市，建设“重点支撑、多点联动”的点线结合体系，打造多国陆海贸易新通道，其一方面为缅甸的“人”字形经济走廊建设助力，为本国由沿海到内陆城市的发展逐步提供内生动力，另一方面通过可达性的提升，成为支撑地区经济与贸易发展的重要支撑，进而提升缅甸在东盟中的影响力。同时，东盟计划实施《2035 互联互通》，旨在联通东盟十国，缅甸作为其中一环，提升其作为枢纽点的运力，更能提高缅甸在东盟中的影响力。

2 中缅发展海上设施联通难点分析

2.1 缅甸政局不稳定

缅甸曾经历多次政权更迭，政府的政策具有不确定性和不连贯性，执政党更迭时，上一任政府制定的政策得不到下一任的承认，需要重新履行手续，增加了沟通的时间成本和经济成本。在对外交往的过程中，这一点也经常受到西方国家的诟病，缅甸与西方国家关系紧张，经济交往不时中断。中国一贯秉持和平共处五项原则，不干涉他国内政，无论哪个政党执政都能保持着友好的经济关系。但缅甸民众中部分人时常误读中国的善意，使得中缅经济上特别是基建上的合作容易被误解和抵触。近两年缅甸内部的政治环境充满着不稳定性，中国企业在缅甸也同样面临着考验，中缅经济合作的安全性因缅甸内部局势而出现的不确定性越发明显，中资项目多次被卷入缅甸内部矛盾，因各种问题产生冲突，进而导致被当地政府调查，甚至由于长期与前政府合作，在当地的企业形象受到巨大影响，运作的项目被部分缅甸人认为是威权政治下的产物，引发了进一步的抗议，导致工程无法正常继续。

上文提到的中缅合资建设的皎漂港就是一个典型的案例，尽管这是一个互利共赢的建设项目，但是在推进过程中并不一帆风顺。中国考虑到自身能源安全与经贸需求，结合缅甸的发展需要，在“一带一路”倡议提出以前就已启动了皎漂港项目的谈判，并于 2009 年由中信集团与缅甸政府签署了关于皎漂港口和连接中国南部与皎漂经济特区的初步谅解备忘录。然而，缅甸政府的态度在 2011 年开始转变，继中止了密松水电站项目后，2012 年又爆发反对中资铜矿项目抗议，皎漂港的建设因此处于了半停滞状态，剩余的港口与经济特区的建设项目也因为缅甸方面的原因而进展缓慢，此后直至 2017 年，中缅双方才对港口的股权问题达成一致，中信集团的股权比例也由此前的 85% 降为 70%（卢光盛 等，2020）。

虽然近年来中缅在能源、环境、农业等方面进行了深入的交流与合作，缅甸还从中国设立的“澜湄合作专项基金”中获取了 51 个项目、总额超过 1630 万美元的支持，但是上述对中资不利的局面仍然导致了皎漂项目几近停滞。同时，除由执政党更迭引发的国内抗议等不利局面以外，缅方仍有两方面担忧：一是囿于缅甸国内经济发展状况，其政府顾虑皎漂港口建设资金来源；二是缅甸国内担心港口项目会被作为中国的军事基地，影响其国家安全（Yuichi et al.，2018）。

尽管未来两国的合作面临种种不确定性，但是中国始终将缅甸视为重要的合作方，并进一步提出了中缅经济走廊计划，拟链接昆明、曼德勒、仰光新城以及皎漂港，推动仰光产业新城、皎漂经济特区、中缅铁路等重大合作项目取得重要阶段性进展，旨在通过双方的持续努力盘活沿线的经济。2019 年 2 月两国召开了走廊联合委员会第二次会议，探讨了一系列“一带一路”高峰合作论坛上的成果（中华人民共和国驻缅甸联邦共和国大使馆，2019），皎漂港的出资方中信集团也出席了此次会议，进一步达成了更全面、深入的共识。2022 年 4 月，中缅经济走廊交通合作工作组第三次会议召开，更是就公路、铁路、港口项目及中缅国际道路运输合作等项目的进一步合作展开交流（中华人民共和国商务部，2022）。未来，中缅的经济合作继续顺利推进，中方的态度已经较为明朗，缅甸国内的政局将成为重要的影响因素。

2.2 来自其他国家的干预与挑战

中缅合作的风险点除了来自除缅甸国内的反对声音以外，还有来自第三国的干预或地缘政治等因素。第三国通常是与项目相关方没有直接关系的国家，也不是项目的直接参与国。在互利共赢原则下的第三国的加入并非都会使参与国的利益受损，有时更是会对各参与方有积极的影响，但是，在囿于地缘政治或从自身利益出发的外交政策下，第三国的干预可能对项目产生负面作用，因为项目本身要么对第三国的利益构成直接损害，要么虽然对第三国不构成直接损害，但增进了被第三国视为竞争对手的一个或多个项目参加国的利益，故而在第三国“零和博弈”的思维定式中，即便项目建成后对第三国的利益客观上会有增进，第三国仍会努力阻止项目的建设。中国与缅甸长期保持了比较稳定的外交关系，中国在缅甸建设港口的第二大干扰因素来源于其他经济政治大国对缅甸的外交手段。

2011 年缅甸改革后，美国、日本、法国、英国等国家在政治、经济和文化等领域向缅甸提供了大量援助。这些援助客观上推动了缅甸的政治制度改革。在经济方面，美欧等西方国家放松甚至解除对缅甸的制裁，开放了贸易和投资机会。亚洲的经济强国，如日本、韩国和新加坡，也积极增加对缅甸的投资，试图在这个新兴市场中占据重要位置。随着大量西方资金涌入缅甸市场，缅甸在投资合作伙伴上有了更多的选择，与中国合作共建海上设施所产生的经济效益的吸引力也随之降低。举例而言，土瓦港位于土瓦河北岸，是德林达依省首府，1996 年泰国的 ITD 公司跟缅甸当局签订了其可行性研究的备忘录，2001 年正式签订了框架性协定，土瓦港将使中南半岛形成一个经济走廊，将东南亚许多重要的城市连接起来（郑志华，2012）。2013 年，缅甸与泰国、日本合作共同建设土瓦港。在初期阶段，中国对土瓦港项目表现出极大的兴趣。然而，由于当地政治局势和其他国家的投资，尽管几次参与了该项目的实地探查，中国在该项目中的角色仍较为有限。

在改革期间，缅甸达成了多份与他国的港口合作协议：2012 年新加坡为仰光港的现代化扩建项目提供资金和技术支持，极大提高了仰光港的运营能力；2014 年韩国与缅甸合作对勃生港进行了现代化改造和扩建，优化了勃生港的基础设施和运营能力；2015 年缅甸和泰国合作开发丹老港扩建项目，旨在促进缅甸与泰国之间的贸易合作。为吸引更多的西方投资和援助，降低对中国的依赖，缅甸政府对中缅合作也会变得更加谨慎。

随着 2020 年缅甸政局的再次动荡，部分西方国家又重新实施了制裁，并撤走了大量投资，转移了很多企业，使之前的合作又失去了根基。2021 年后，缅俄、缅日、缅印关系逐渐升温，客观上也增加了中缅国际合作中的竞争，周边国家也有将海上设施对标中国的计划，甚至有外媒借此唱衰中缅合作。

印缅合作的实兑港已于 2023 年竣工通航，印度的货轮将从印度主要港口加尔各答将货物经卡拉丹河运往实兑港。加尔各答与实兑相距 530 公里，通过卡拉丹河运输较陆路运输缩短了三分之一的路程。据《今日印度》报道，印度港口、船运和水道部部长萨尔巴南达·索诺瓦尔和缅甸副总理兼交通与通信部长丁昂山 9 日出席了开港仪式，并见证了首艘印度货船到港（India Today，2023）。索诺瓦尔说，实兑港将促进印度和缅甸以及更广泛地区之间的贸易连通和人与人之间的联系，并将有助于促进政府“东进政策”下东北各邦的经济发展，甚至普惠周边国家。一些媒体带着零和思维的偏见来看待此事，比如，印度媒体在其报道中称此港口将对标中缅经济走廊，并称其为“对抗中国的互联互通项目”。同时，随着缅俄关系升温，缅甸也加强了和俄罗斯多方面的合作，并在土瓦港的建设上达成了多项合作，印媒也再次报道缅甸与俄罗斯关于土瓦港的合作情况，并称“缅甸试图通过此举抵消中国的影响力”（Swarajya，2024）。

2.3 技术问题

高质量的基础设施联通可以实现相关国家的可持续发展，缅甸作为掌握海上交通要道的国家，海上基础设施的建设对其本身大有裨益，同时对中国有着重要意义。然而，海上基础设施联通并非一蹴而就，也绝非简单的招、投标建设，而是应该以整体性思维主导进行一套复杂的系统工程构建，要实现“规划合理、技术匹配、未来可期”，对理念的一致性及技术的先进性均有很高的要求，不仅需要硬件达标，更要实现软件匹配，充分发挥其自身区位优势。

在硬件方面，海上基础设施包括港口设施设备、辅助运输接驳线路、通行航路等方面，考验一个国家的化工、材料、规划、工程及水文测绘、施工等多方面的综合实力，如分别进行招标采购，由于国际形势复杂多变且沟通成本高昂存在所需工期长、系统间接口复杂等弊端；如采用一体化的解决方案，虽然减少了大量的沟通工作量，但是当前有能力提供这种方案的国家屈指可数。根据世界银行的物流表现指数（LPI)，缅甸的贸易和运输相关基础设施质量评分很低（World Bank，2024)。LPI 评估了 160 多个国家在六个主要领域的表现：海关、基础设施、国际运输、物流质量和能力、跟踪和追踪、及时性。缅甸在这些领域的得分显示了其基础设施的严重缺陷。中国与缅甸的港口技术标准尚未统一，同时，缅甸现有交通基础设施建设、港口泊位和航线建设还有很大的缺陷需要解决，因此需要进一步加强基础设施的建设。

在软件方面，海上基础设施还包括港口信息管理系统、航道标识系统、卫星定位系统、货运系统等，涵盖货运规划、货物装船、船只领航等功能，考验软件、网络、信号、通信等多维度研发与整合能力，整体性要求相较于建设阶段更高，是全面发挥港口效能的关键，需要长久的技术积累，因此只具备硬件条件，软件实力无法匹配也会导致其无法充分利用地缘优势实现高质量发展。而实际上，最限制缅甸进行基础设施建设的就是缅甸的电力问题。缅甸的电力基础设施也处于低水平。根据 Enerdata（2024）的统计，缅甸的亚洲是人均电力消费量最低的国家之一。电力供应的不足限制了工业和经济的发展。

3 展望与建议

中缅双方的全方面合作已历经多年，其中亦有多个合作项目几度折戟沉沙，双方在未来的合作中应吸收过往的经验教训，以期获得更高质量的合作。

从合作心态的角度讲，中国应保持互惠合作的心态。中国设施联通的合作理念并不基于怜悯的心态，也并非一厢情愿，有三段被殖民史的缅甸曾多次受到侵略者的伤害，与中国的合作也有时“若即若离”。合作中，中国应使政治理念和科学技术并行，与缅甸的发展政策相融合，从而对项目产生更大推力。

从前期准备的角度讲，缅甸政局仍处在不稳定的时期，多民族国家缅甸的各地风俗各异，各方利益错综复杂，政治因素始终是中缅合作中最不容忽视的一个问题。项目开始前，应对项目风险进行全方位的评估，充分掌握缅甸现在的政局进程以及各种政治势力的分布，了解当地风俗，做好风险预案以保障项目的顺利进行。

从技术的方面考虑，缅甸人对国家领土的绝对安全有着极大的执着。从过往的项目来看，缅甸一般更倾向于在合作建设基础设施的同时就开始学习中方的建设及管理经验，为其在约定期满后接手运营进行准备，因此在与缅甸的合作中海上基础设施建设的技术合作十分重要，是成功进行合作的重要一环，对双方都有积极意义。中国可以在技术沟通中为缅方提出解决方案、扩大影响力的同时，丰富技术的应用场景，从而进一步迭代更新技术体系，继续维持技术水平的国际领先地位；通过加强与缅甸的技术合作，项目的落地可以让缅甸人民享受到技术进步带来的生产力提升，在缅甸形成良好的示范效应，全维度提升中国解决方案的知名度，为日后进一步开拓国际市场奠定坚实基础，助力国际经济循环建设。

对于缅方而言，受到其国内政局的影响，近年缅甸的经济发展基本处于停滞状态，缅甸人民十分渴望和平、高质量的生活，但是其目前经济结构单一，造血能力不足，仅凭自身力量改善人民生活道阻且长，和中国进行技术合作则可极大地降低工作的难度。第一，通过与中方进行技术合作，可以直接提升其海上基础设施质量，充分发挥其区位优势，提振经济。第二，通过技术合作可以吸收中国的先进经验，形成配套的产业链，增加国内就业，疏解社会矛盾，持续提升经济造血能力。第三，技术合作可以培养缅甸的技术人才，同中国一道开拓国际市场，进一步实现双方的互利互惠。

综上所述，开展技术合作对于合作的双方而言都有十分积极的作用，建议从规划、建设及运营三个维度开展技术合作。

在规划层面，海上基础设施的规划包括城市规划、建设规划以及交通规划。城市规划负责充分发挥地理优势，因地制宜提升区位合理性；建设规划负责充分利用现有资金，结合发展需要，规划城市建设的批次；交通规划负责进行联通城市、港口的多种交通方式规划，降低成本，提升便捷性。目前缅甸的相关经验有限，而我国的各省市均有相应的规划院及设计院，可以在缅甸合资设立本土化的规划院与设计院，聘请中方专家进行技术指导，这既能发挥中国的技术优势，又可深度结合缅甸地方特点，提升方案的合理性。

在建设层面，中国的基建实力主要体现在建设速度、场景适应性上，离不开经验丰富的施工管理团队和高精尖技术的紧密配合。因此，在建设层面可以聘请中方的施工管理团队指导缅甸当地的工人展开建设工作，同时采购先进施工设施设备进行辅助，这一方面可以提升缅甸团队的施工管理项目水平，另一方面可以培养熟练操作员，从根本上提升其施工效率。

在运营层面，港口建成后，还需要成熟的运营来充分发挥作用。港口的运营是复杂的系统工程，不仅仅是在港口内进行船只的停泊引导，还需要综合考虑货物的高效周转。运营涵盖了建设、智慧系统建设、后评价体系建设三个方面，涉及公路、铁路、航空、海运四种运输方式，如仅仅依靠传统手段进行人工编制计划，则无法最大化发挥港口运能，影响货运时效，也无法发掘现有模式的不足从而进行改进提升。因此，在运营层面的技术合作可以从多个维度展开，第一搭建相关的海运、铁路、公路智慧管理系统，通过中国的一体化解决方案为智慧运营赋能；第二在国内相关高校、企业设立实训基地，为缅方提供咨询培训服务，提升其人员水平；第三由专业公司提供成体系运维服务，以最大程度发挥港口的能力。

同时，应多使用当下最热的人工智能，为中缅海上基础设施建设助力。发挥中方在人工智能领域的优势，通过大数据分析和机器学习，优化港口设施的规划和设计，确保港口布局和基础设施的高效和科学性。AI 可以通过模拟不同的港口布局，预测其对物流效率和环境影响的差异，从而选择最优方案。使用 AI 分析港口周边的地质、水文和气象数据，可以优化港口的选址和设计，降低建设成本和环境影响。通过无人机搭载高精度摄像头和传感器，可以实时监控施工现场，监测结构变化和潜在风险，及时预警和处理问题。

当然，在解决海上设施联通问题前重要的一步，仍是加强能源领域合作，利用缅甸的水资源优势，建设水电站，而这本身也是中缅海上设施互联互通的另一种体现，首先解决缅甸的用电问题，再推动海上其他基础设施的进一步合作，进而深化双方在更多领域的协同发展。

总之，中缅海上设施联通的发展和展望充满机遇与挑战。通过加强合作、引入先进技术、保护环境、稳定政策和建立统一标准体系，中缅两国可以克服当前面临的困难，实现港口设施的现代化和高效化。中缅海上设施联通不仅将促进两国经济的繁荣与发展，还将为区域经济一体化和全球贸易体系的完善作出重要贡献。中缅海上设施联通不仅仅是两国经济合作的延续，更是区域一体化和全球经济体系中的重要一环。通过系统地分析和展望中缅海上设施联通的发展前景，可以看到这一合作在未来将发挥巨大的经济、政治和社会效益。然而，这一进程也面临诸多挑战，需要中缅两国政府和企业共同努力，克服技术、管理和环境等方面的问题，确保合作的持续、健康发展。

参考文献

李砚忠，王涛，2022. 京津冀协同发展视阈下的经济流强度与隶属度分析 [J]. 华北电力大学学报（社会科学版）(03)：64-76.

卢光盛，马天放 .“一带一路”建设中的“99 年租期”风险：由来、影响及应对 [J]. 亚太经济，2020（1）：5-15.

宁留甫，2016. 跨国设施联通 . 历史启示与现实风险 [J]. 宁夏社会科学（3）：90.

全洪涛，2015. 古代“南丝路”经济文化探究 [D]. 昆明：云南大学 .

赵可金，翟大宇，2018. 互联互通与外交关系——一项基于生态制度理论的中国外交研究 [J]. 世界经济与政治（9）：88-159.

郑志华 . 撬起中国印度洋战略的重要支点：缅甸 [J]. 中国海洋法学评论，2012（2）：160.

中华人民共和国交通运输部，2024. 2023 年交通运输行业发展统计公报 [EB /OL]. [2024-06-23]. https://xxgk.mot.gov.cn/2020/jigou/zhghs/202406/t20240614_4142419.html.

中华人民共和国商务部，2019. 中国 - 东盟港口城市合作网络已覆盖主要港口 [EB/OL]. [2024-06-23]. http://www.mofcom.gov.cn/article/resume/n/201910/20191002908294.shtml.

中华人民共和国商务部，2022. 中缅经济走廊交通合作工作组第三次会议召开 [EB/OL]. [2024-04-20]. http://www.mofcom.gov.cn/article/i/dxfw/cj/202204/20220403303609.shtml.

中华人民共和国驻缅甸联邦共和国大使馆，2019. 中缅经济走廊联合委员会第二次会议及第二届中缅经济走廊论坛在昆明召开 [EB/OL]. [2024-06-23]. http://mm.chinaembassy.gov.cn/chn/sgxw/201902/t20190228_1385250.htm.

Enerdata, 2024. Myanmar energy report[EB/OL]. [2024-06-20]. https://www.enerdata.net/estore/country-profiles/myanmar.html.

India Today, 2023. India-financed Sittwe port opens in Myanmar, countering China’s connectivity projects[EB/OL]. [2024-06-24]. https://www.indiatoday.in/india/story/india-financed-sittwe-port-myanmar-chinas-connectivity-projects-2377650-2023-05-11.

SWARAJYA, 2024. China’s frustration grows as Myanmar seeks Russian partnership for Dawei strategic port project[EB/OL]. [2024-06-23]. https://swarajyamag.com/world/chinas-frustration-grows-as-myanmar-seeks-russian-partnership-for-dawei-strategic-port-project.

World Bank, 2024. LPI[EB/OL]. [2024-06-20]. https://lpi.worldbank.org/international/globa.

YUICHI N, THUREIN H, 2018. Myanmar will ask China to downsize project, minister says [EB/OL]. [2024-06-20]. https://asia.nikkei.com/Politics/Myanmar-will-ask-China-to-downsize-project-minister-say.

作者简介

商雨晴，北京外国语大学博士研究生。主要研究领域：东南亚国别区域研究。电子邮箱：syqbfsu@163.com。

澜湄合作框架下跨境水资源合作的法律机制研究*

周肇敏

摘　要：澜沧江－湄公河流域，作为连接中国与东南亚国家的重要地理纽带，其跨境水资源管理与合作构成了澜湄合作框架下的核心议题之一。当前澜湄合作框架下水资源的治理与开发已经取得一定成效，但在接下来的发展中仍然有可完善的空间。流域各国关于水资源开发的国际利益不一致，区域内各国组织动员力量不足、参与水资源治理的民间力量有限等问题持续存在。为此，应采取策略完善跨境水资源合作法律机制，推动区域水资源经济持续发展，促进跨境水资源合作法律机制的内化并且增强生态保护和可持续发展相关制度设计，以帮助澜湄水资源合作进一步深化。

关键词：澜湄合作机制；跨境水资源合作；法律合作机制；生态保护与可持续发展

Research on the Legal Mechanism of Cross-border Water Resources Cooperation Under the Framework of Lancang-Mekong Cooperation

Zhou Zhaomin

Abstract: The Lancang-Mekong River Basin is a significant geographic link between China and Southeast Asian countries, and the management and cooperation of its transboundary water resources constitute one of the core issues under the framework of Lancang-Mekong cooperation. Under the current framework of Lancang-Mekong cooperation, the governance and development of water resources has achieved considerable success, but there is potential for improvement in the next stage. Problems such as inconsistency of national interests in water resources development among the basin countries, insufficient organisational mobilisation of regional countries, and limited participation of civil society in water resources governance persist. Therefore, in order to

* 本文系北京外国语大学学生科研创新项目“东南亚地区环境治理跨境合作机制研究”（项目编号：2024JX008）的研究成果。

pursue the development and deepening of Lancang-Mekong water cooperation in the next stage, strategies should be adopted to improve and internalize the legal mechanisms for cross-border water resources cooperation, and optimize the system design of ecological protection and sustainable development, thus facilitate regional water resources economic development and cooperation.

Keywords: mechanisms for Lancang-Mekong cooperation; cross-border water resources cooperation; legal cooperation mechanisms; environmental conservation and sustainable development

2014 年 11 月，在第 17 次中国 – 东盟领导人会议上，我国提出了建立澜沧江 – 湄公河合作机制（以下简称“澜湄合作”）的构想。2016 年 3 月 23 日，首次澜湄合作领导人会议在中国海南三亚举行，正式启动了澜湄合作进程，并在会议中通过了《澜沧江 – 湄公河合作首次领导人会议三亚宣言》和《澜沧江 – 湄公河合作国家产能合作联合声明》，确立了“3+5 合作框架”①，其将水资源合作列为优先发展的五个领域之一，明确了该议题的重要性，规定中国与湄公河流域五国在澜湄合作框架下进行水资源合作的具体措施。第二次澜湄合作领导人会议 2018 年 1 月召开，会议通过了《金边宣言》和《澜沧江 – 湄公河合作五年行动计划（2018—2022 年）》，澜湄流域水资源合作的努力方向进一步明确。2023 年 12 月六国签署了《澜沧江 – 湄公河合作五年行动计划（2023—2027 年）》，以五年为期限的行动计划成为常规性合作机制，其对区域水资源合作进行了详尽规划（新华网，2023）。自澜湄合作成立至今，其在机制建设、战略规划、资金支持和务实合作等方面取得了显著进展，为该地区的发展注入了新的活力，也为流域各国人民带来了实际利益。从治理实践中来看，中国与湄公河流域国家在澜湄机制下的水资源合作虽然取得了显著进步，但目前的合作仍然不足以满足流域可持续发展的需要，探究问题的成因，只有进一步加深务实合作才能确保流域的可持续发展，为此需要通过健全法律机制保障澜湄流域六国的实现水资源长期合作，增进澜湄国家间的互信以消除澜湄流域整体水权分配的分歧，对全流域水资源有效合作达成共识，确保“一带一路”倡议在澜湄流域国家区域共同体建构中深度融合。

① “3”即三大支柱：政治安全、经济和可持续发展、社会人文。“5”即五个优先发展领域：互联互通、产能合作、跨境经济合作、水资源合作、农业和减贫。

1 澜湄合作框架下水资源合作的背景

澜沧江－湄公河（在中国境内称为澜沧江，中国境外称为湄公河）流域共包括六个国家：澜沧江段的中国和湄公河段的缅甸、老挝、泰国、柬埔寨、越南。湄公河流域五国均为东盟成员国。该河流作为中国与东南亚各国交流的纽带，其穿越国境的性质要求流域国家在水资源开发和管理问题上进行协调与合作。水资源合作一直是该区域治理的关键议题，澜湄合作框架下的水资源合作是通过区域协同，就水资源管理、水利、生态保护等领域进行合作的跨国合作机制，旨在实现流域资源可持续利用，促进经济繁荣与社会稳定。

1.1 澜湄地区环境生态问题的历史根源

1.1.1 澜湄地区水资源亟须合作的多重因素

澜湄地区各国都极其依赖澜沧江－湄公河流域的水资源供应，这一水资源对于各国的农业、工业、生活等方面至关重要。河流下游国家有大量的人口从事农业以及渔业生产，其经济及生态系统高度依赖于湄公河，而气候变化与全球变暖等因素给这条河流带来了水资源短缺、粮食安全不稳等问题。湄公河下游国家的粮食安全如果恶化，将影响流域内数以千万计人口的生计，并对本国乃至包括中国在内的区域邻国的安全稳定产生深远影响。气候变化引起的极端天气事件、干旱、洪水等对澜湄地区的水资源管理造成挑战，合作可以帮助各国更好地适应气候变化的影响。

水资源是支撑经济增长的基础，澜湄流域的水资源开发利用至关重要。该流域的水电潜力巨大，而水电作为清洁能源既有减排保护生态的重大作用，在经济发展和能源安全领域也至关重要。有研究认为水电建设可能加剧下游干旱状况，同时，水电分配问题常引发邻国纷争，阻碍了澜湄流域内上下游国家合作应对气候危机的行动（李昕蕾 等，2019）。这些因素使得澜湄流域在全球气候变化中处于脆弱且关键的地位。

1.1.2 澜湄地区的水资源受生态环境变化的影响

澜湄地区拥有丰富的生态资源，包括湿地、水文系统、野生动植物等。水资源是有限资源，水域环境质量是影响生态环境重要因素。《联合国气候变化框架公约》（UNFCCC）第一款规定，气候变化主要表现为三方面：全球气候变暖、酸雨、臭氧层破坏，其中全球气候变暖是人类最迫切的问题，关乎人类的生存和发展（United Nations，2023）。全球变暖对于水资源环境影响重大，联合国政府间气候变化专门委员会（IPCC）2007 年报告显示，东南亚地区过去数十年来的气温呈现上升趋势，降雨量减少以及海平面上升现象并行发展，这些气候变化将加剧与洪涝和干旱相关的腹泻疾病疫情，从而导致该地区发病率和死亡率的上升。澜湄流域国家极端气候事件的频率和强度也已提升。这些气候变化导致许多地区发生大洪水、泥石流和干旱等自然灾害。德勤经济研究所（2021）2021 年发布的《东南亚转折点》调查报告强调，一项调查结果指出，若东南亚地区国家立即采取行动遏制气候变化，未来 50 年间有望创造约 12.5 万亿美元的经济价值。相反，若不采取相应措施，可能导致高达 28 万亿美元的经济损失。

澜湄地区的环境生态问题由来已久，其根源可追溯至西方国家对该地区资源的掠夺。自 18 世纪 60 年代末以来，西方对自然资源的需求空前增加，东南亚地区成为其主要原料产地之一，大量的农业和矿业区域按照需要被建造出来，重新塑造了东南亚国家原本的社会经济模式（奥斯本，2020）。尽管二战后东南亚国家摆脱殖民实现独立，但其作为原料产地的地位未变。为了摆脱贫困和落后，湄公河流域国家依靠资源消耗和劳动密集型产业实现经济增长。然而，这种发展模式导致资源过度消耗，破坏了当地的生态环境。气候变化问题成为 21 世纪的重要挑战之一，东南亚地区因其独特地理位置在应对极端天气时任务艰巨，区域长期稳定受到威胁。东南亚沿海地区吸引了大量人口和经济活动，但频繁遭受自然灾害，这些灾害对社会、农业和基础设施造成严重损害，引发人道危机，并威胁区域的可持续发展。

1.1.3 可资借鉴的国际跨境河流治理经验

跨境水资源合作问题在全球范围内都是共性问题，国际河流水资源的跨国分配一旦没有妥善解决，就非常容易引发持续争端甚至于地区冲突，因此国际上越来越重视跨境水资源的合作治理，在实践中相关国际法规则和解决机制得以逐步发展与完善。全球有 150 余个国家与他国共享河流、湖泊和含水层，从 1990 开始到 2024 年 6 月，有记载的水冲突事件超过 3,000 件。[①] 关于河流治理和冲突解决的法律机制数量众多，主要分为三类：联合国及其组织颁布的跨境河流相关的法律文件和决议，主要为《联合国国际水道非航行使用法公约》与《国际河流利用规则》等；国家间或区域组织共同就跨境河流签订的双边或多边协议，如《多瑙河航行制度公约》、美加《边界水资源条约》、埃苏尼罗河协定等；法院与仲裁机构的判例，如西班牙与法国之间的拉努湖仲裁案等。

中国与邻国之间签订多个跨境水资源治理合作条约，包括中国与蒙古的《保护和利用边界水协定》、中国与俄罗斯的《合理利用和保护跨界水协定》等。虽然中国尚未加入《国际水道非航行使用法公约》，但是认同公约中的公平合理利用、国际合作等基本原则并且在跨境河流治理中加以实践（王明远 等，2018）。

① 数据来源于太平洋研究所是全球水事务权威研究机构，数据来源于其 Water Conflict Chronology 数据库：https://www.worldwater.org/water-conflict/.

综上所述，澜湄地区水资源合作的背景是各国共同依赖水资源、生态环境保护需求、气候变化影响、经济发展需求以及地区安全与稳定的考量。这些因素促使澜湄地区国家加强合作，共同管理和保护该流域的水资源。

1.2 澜湄合作框架下水资源合作的意义

1.2.1 澜湄合作框架下水资源合作具有政治意义

从政治的角度考虑，澜湄水域环境合作治理对于我国具有重要的战略意义。湄公河流域国家在中国地缘政治影响力布局中占据关键地位。从区域安全的维度考量，东南亚地区的气候与环境治理不仅涉及该地区各主权国家的核心利益，亦与中国的安全态势休戚相关（李志斐，2021）。环境问题作为非传统安全议题，对一些国家安全构成潜在威胁，特别是“共饮一江水”的澜湄流域地区，其对“一带一路”倡议的顺利实施至关重要。深化对澜湄水域环境合作治理，不仅是中国地缘政治战略的内在需求，也是确保倡议长期稳定实施的关键。该水域环境合作治理对推动区域可持续发展至关重要，其效果直接关系到区域生态平衡与社会经济系统的稳定。在此背景下，我国对澜湄流域的水资源合作治理的重视，彰显了我国作为大国的责任意识，以及在全球环境治理中贡献中国智慧与中国方案的积极姿态。

1.2.2 澜湄合作框架下水资源合作具有经济意义

在国家间外交的基础上，澜湄流域内各国都是东盟成员国，中国与这一区域组织的经济合作也十分丰富。从经济角度考虑，随着中国经济国际化程度的提高，尤其是自中国－东盟自由贸易区建立以来，中国与东盟地区的经济联系日益紧密，逐渐形成了不可分割的经济利益共同体。一方面，中国与区域内国家的经贸往来持续深化，区域内国家的稳定发展与中国的国家利益高度契合，中国积极支持周边国家共享其经济发展成果。另一方面，区域内各国的经济发展依赖流域内水资源的综合开发。国际合作作为促进各国优势互补、实现共同发展的关键途径，在推动区域经济一体化中扮演着至关重要的角色。随着东南亚国家对“一带一路”倡议认可度的提升、亚投行业务的稳步发展以及中国西部大开发的深入推进，中国与流域内国家的经济联系进一步巩固，中国逐步成为澜湄区域各国重要的投资国和援助国（Vannarith，2010）。充分利用流域内的自然资源和矿产资源，发挥澜湄贸易通道的潜力，以水资源合作为突破口，推动全流域合作向纵深发展，对于促进区域经济的繁荣与稳定具有重大的意义。《中国－东盟战略伙伴关系 2030 年愿景》中明确提出促进海洋生态系统的保护和海洋及其资源可持续利用，开展海洋科技、海洋观测及减少破坏合作，促进海洋经济持续发展等目标（新华网，2018）。在此背景下，澜湄流域经济命运共同体的构建将迈入新的发展阶段。

1.2.3 澜湄合作框架下水资源合作对于保护环境意义重大

生态环境保护对于防治水资源污染、涵养水资源具有积极作用。从生态环境保护的角度出发，中国与澜湄流域各国同属一个发展区域，共同处于一个不可分割的生态环境整体当中，区域内各国的自然环境均为区域性乃至全球生态系统的组成部分，不能只限于以单一民族国家的行政边界为限。任何单一环节的破坏均有可能导致整个生态系统失衡。生态环境的破坏和环境污染所产生的环境压力具有跨国性质，不仅对相关国家构成威胁，还可能引发大气污染、水体污染等连锁生态问题。任何国家意欲独善其身、仅仅在本国范围内控制环境污染是非常困难的，与此同时，国家亦容易受到邻近国家出现的环境问题的影响。综上所述，加强国际合作成为各国的必然选择。通过跨国界的协作，可以共同应对和解决区域内面临的生态环境问题。这种合作不仅涉及环境政策的协调，也包括环境治理技术的交流、生态保护项目的联合实施以及环境监测和预警系统的共建。通过这些合作机制，澜湄流域国家能够形成协同效应，提升区域生态环境的整体保护水平，维护生态平衡，保障区域及全球生态安全。

2 澜湄合作框架下水资源合作法律机制的现状及问题

尽管当前澜湄合作框架下的水资源合作法律机制合作架构已初步建立，促进了政策对话与技术交流，但现有机制仍面临法律规则不够完善、可操作性不强、执行力度不足等挑战。澜湄水资源合作机制尚不足以保障流域各国充分合作的原因不仅是地理条件的差异性，同时来源于流域各国的利益需求差异和合作驱动力不同。

2.1 水资源合作机制建设成效与问题并存

2.1.1 水资源合作机制建设的成效

合作机制是在多方协调框架内，合作方为实现合作的目标而遵循的制度化的规范，包含互动方式和行为标准以及保证制度推行所需要的机构设置。目前，澜湄水资源合作机制已经形成周期性会议和研讨会、条约及协定、具体合作实施机制的一整套制度性安排。

周期性高层会议保证了合作机制的政治级别和政治引领性，专业研讨会维持对话和交流具体问题和解决合作瓶颈的沟通渠道（朱杰进 等，2020）。澜湄合作领导人会议中确定了四个层级的周期性会议：领导人会议每两年举行一次，外长会议每年举行一次，高官会与工作组会议每年召开数次。

专业性的条约及协定为澜湄流域国家开展水资源合作提供指导和保障，同时也监督和约束具体工作的实施情况。在澜湄合作框架下，以五年为一周期的动计划是常规性合作机制，其中对作为优先发展领域的水资源进行了重点规划。聚焦到水资源合作有《澜湄水资源合作部长级会议联合声明》和《澜湄水资源合作项目建议清单》等重要文件，为区域内水资源建设、开发与可持续管理提供了合作基础和政策指引（中华人民共和国外交部，2020）。2019 年签订的《澜湄水资源合作中心与湄委会秘书处合作谅解备忘录》规定与区域内其他机制保持对话和沟通，共同在水资源可持续开发与管理方面开展交流、联合研究和协作（中华人民共和国水利部，2019b）。

具体合作实施机制包括组织机构的设立，其为合作提供了基础性保障，同时有专门性机构，为水资源合作的具体议题提供技术支持。2017 年流域内六国先后建立澜湄合作秘书处，都各自设立于外交部，后期建立了各秘书处间联络机制，推动跨境水资源共同管理开发的实践（陈咏梅 等，2023）。秘书处的创立标志着澜湄水资源合作机制实现了更高程度的集中化，这对于一项国际合作机制而言，意味着在增进沟通效率、优化信息收集与发布流程、确保条约有效执行等方面有了更为坚实的制度化支撑与保障（Barbara et al.，2001）。通过定期举办技术研讨会，各国加强了在水资源监测、数据交换和联合研究等方面的合作。这不仅提升了流域内的水资源管理能力，也为未来的可持续发展奠定了坚实基础（中华人民共和国水利部，2019a）。2017 年 2 月，澜湄水资源合作联合工作组正式成立，作为协调和推进合作项目的平台，进一步强化了区域内的合作网络和信息共享机制（中华人民共和国水利部，2017）。2017 年 6 月，中国水利部成立了澜湄水资源合作中心，作为联合工作组的辅助机构，负责推进技术交流、专业人员培训和开展具体援助项目（澜沧江－湄公河合作中国秘书处，2017）。在技术领域，2020 年开通的澜湄水资源合作信息共享平台则开辟了流域各国数字信息资源与技术的共享与合作（中华人民共和国水利部，2020）。

2.1.2 水资源合作机制建设存在的问题

澜湄水资源合作框架目前仍然存在着不足。澜湄合作机制的建立因水而生，因水结缘，足以见得水资源在该机制的重要性。然而在实际国际合作的活动中，政治和经济议题常比环境议题更为优先。目前在澜湄合作中，水资源合作是位于“五大优先领域”中的第四位，相较于其他领域而言，水资源开发利用的设计不够全面，推行水资源开发利用的实际活动的计划也不够详尽，这限制了流域内国家深化合作的法律依据（张励，2019）。从实际出发，尽管中国与湄公河区域的国家在以往的协作中已积累了宝贵的经验，但六国之间尚未形成全流域管理协调的成熟模式（中华人民共和国水利部，2020）。澜湄合作机制下的水资源合作是首个六国间就河流开展的合作，制定一项能够满足六国共同需求的水资源合作计划并确保其有效实施，是充满挑战的任务。这要求各国在战略规划、政策协调以及行动执行等方面进行深入的合作与创新，以应对全流域水资源管理的复杂性和多变性。

2.2 限制澜湄水资源合作的原因

2.2.1 流域内不同国家的利益诉求呈现出异质性

澜沧江－湄公河流域的六个国家虽然都是发展中国家，但在经济体制和发展水平上呈现出显著的异质性，这导致它们在参与区域合作时所追求的利益诉求也各不相同。这种发展上的差异不仅在经济指标上表现明显，还在各国的发展环境和目标上展现出多样性。六国中除了泰国以外的五个国家都在经历经济转型，我国作为世界上最大的发展中国家，经过改革开放以来的发展，从 2010 年开始国民经济生产总值跃居全球第二，成为世界第二大经济体；越南从 1986 年开始革新事业且取得了显著成效；最不发达国家是国际社会中最贫困、最脆弱的群体，联合国认定的全球 45 个最不发达国家中，柬埔寨、老挝和缅甸三国在列（United Nations，2024）。各国经济等方面的差异较大，老挝和缅甸等国家正致力于改善基础设施、完善法制框架等发展环境的关键领域，同时也在积极调整经济结构、培育新的经济增长点；与此同时，中国和越南等国家则处于经济转型的关键时期，拥有较为坚实的经济基础和较为成熟的市场体系（梁岱桐 等，2021）。由于流域内各国发展处于不同阶段，各自具有独特的利益诉求，这种多样性在合作中可能导致利益和成本分配的不平衡，从而可能引发合作过程中的矛盾和冲突。此外，不均衡的经济发展也反映在法治环境和市场制度的异质性上，增加了在法律和政策协调等方面的困难。因此，澜沧江－湄公河流域的治理策略必须充分考虑到不同发展水平国家的具体需求和利益，以确保合作机制能够兼顾各方利益，增强对发展较为滞后的成员国的吸引力和凝聚力，从而推动实现区域均衡和可持续发展。

2.2.2 流域内不同国家资源占有存在差异性

在澜湄流域，六个主权国家根据其地理位置分布在河流的不同段落，河流的自然特性导致上下游国家在水资源的控制和利用上存在显著差异。上游国家通过建设水电站，开发和利用水资源，以清洁的水电能源替代传统的化石燃料，有效降低了温室气体排放和环境污染（中华人民共和国外交部，2008）。相对而言，下游国家则面临着由全球变暖引发的干旱问题，其水资源状况一定程度上受到上游国家水电站调控活动的影响，下游国家在水资源管理上相对处于较为被动的地位，它们既期望与上游国家进行协商以获得更多的水资源分配，又难以掌握谈判的主动权，同时下游国家往往忽略上游国家应有的权利。例如根据《水道法公约》所确定的“公平合理利用”和“不构成重大伤害”原则，多国河流的下游国家理念普遍认为下游国家是易受伤害国，而忽略了“伤害”是双向性的，不仅上游河段国家会影响下游河段国家，下游国家也会借“排除上游使用权”而限制上游国家的合理使用（Salman，2007）。这种水资源控制的非对称性导致了流域内国家间的利益和地位不均等。

此外，流域内的国家在经济和贸易领域有着密切的合作关系，同时也共同承担着维护地区和平与稳定的安全责任。此时上下游国家对于河流不同的开发方式会影响经贸合作模式，比如下游国家在谴责资源分配不合理的同时可能需要向上游国家购买水电。在这种背景下，各国在追求经济利益和安全合作的同时，往往难免就水资源分配这一复杂且难以量化的问题与经贸伙伴产生直接的冲突。这种复杂的利益关系和合作需求，要求流域内的国家在水资源管理和气候变化应对策略上展现出更高的协调性和合作精神，以实现共同的可持续发展目标。

2.2.3 流域内国家在气候变化应对方面协同不足

气候变化是一个全球性问题，需要国际社会共同努力，通过合作来提高适应能力和减少气候变化对水资源的负面影响（中华人民共和国国务院新闻办公室，2021）。澜湄流域正经历着气候变化所带来的深远影响，气候变化带来降水和水蒸发模式的变化，导致了水资源在时间和空间上的重新分配，进而对流域内的水安全和生态系统平衡产生了重要影响。

这种变化可能导致某些地区水资源的增加，而其他地区则可能遭受水资源短缺的困扰。流域内的六国均为《巴黎气候协定》的签署国，它们在理念上认同全球气候治理的模式和原则，并在实践中致力于实现这些理念。然而，鉴于全球气候治理本质上属于全球公共产品，各国在面对气候变化这一共同的问题时，往往会基于各自的国家利益来制定相应的应对策略。在澜湄合作框架下，虽然存在广泛的共识性声明和条约，但目前缺乏具体的共同行动计划和执行机制，尤其是缺少有效的惩罚机制来确保各国履行承诺。在这种制度安排下，即便各国在主观上有意愿合作应对气候变化，但在客观上，它们仍会根据自身的能力和国家利益来调整和实施相关政策。这种以国家为中心的政策调整，可能导致合作行动的不一致性和效果的不确定，对跨界河流的综合治理构成了重要挑战。

3 澜湄合作框架下水资源合作法律机制的完善

澜湄流域国家跨境水资源合作法律机制不健全，影响合作的具体实施。各国政府都认识到加强合作的重要性，且有展开合作的意愿，但是澜湄国家经济社会发展水平参差不齐、状况各异，各国政府在采取行动的能力和方式上存在差异，许多合作大多停留在协议阶段，难以转化为实际的联合行动和项目实施，这就导致澜湄国家水域环境合作治理和水资源开发利用面临许多挑战。为了克服这些挑战，需要区域内各国在平等和互利的基础上，进一步强化沟通与协调，构建更加紧密和高效的合作框架，确保合作措施能够得到有效执行，并对区域和全球产生积极影响。

3.1 完善跨境水资源合作法律机制

澜湄流域各国应坚定实践当前的条约和框架所规定的内容，同时根据气候变化和生态环境变化有针对性地对具体水资源议题进行补充，完善组织机构及跨境水资源法律合作机制，利用数字技术和科学检测手段来提升澜湄流域水资源管理合作的效率，通过技术交流与探讨保证流域内各国的水资源管理的能力。流域内各国应当运用好当前合作对话的平台，通过政治对话与交流，加强政治互信，为解决争端创造条件，在法律框架内通过和平方式解决争议，以维护流域内的和平与稳定。

在此过程中，我国应当积极履行条约和宣言中所规定的义务，承担相应责任，践行与邻为善、以邻为伴的周边外交方针，继续在澜湄合作中践行有责任有担当的大国责任（寇勇栎，2019）。我国从自身的建设经验出发，可以帮助流域内其他国家提升水资源体系管理的能力，尤其是在技术类的投资建设方面，包括在水文气象学、地理信息系统、远程感应等领域，从而可以提升水资源的利用效率，更长远地促进流域内各国水资源管理能力的共同发展（李志斐，2017）。

3.2 促进澜湄流域跨境水资源合作法律机制的内化

在国家立法方面各国需推进水资源法律机制建设，为澜湄合作框架下跨境水资源法律合作奠定国内立法基础，同时激发流域内相关国家与非国家行为体参与治理的热情。应对气候变化的网格化治理模式，在国家行为体和区域组织的基础上，动员更多层级的主体参与到跨境水资源合作的过程中，构建更为全面的治理模式。通过法律制度设计，动员更多的公民参与到水资源开发和治理的过程中，让流域发展政策得以顺利推行。在环境保护法律体系中设有公众参与机制，通常包括公众听证会、环境影响评估报告的公开征询意见、环境信息公开等。公众可以通过这些机制提出意见和建议，参与到水资源治理项目的决策过程中（彭峰，2009）。政府通常有责任公开与水资源治理相关的信息，包括水质报告、治理项目计划等。民众可以通过信息公开法律渠道获取这些信息，以便更好地了解并参与到水资源治理中。同时许多非政府组织专注于环境保护和水资源治理，这些组织通常在法律框架下运作，可以代表公众的利益，通过法律手段向政府提出建议，监督政府的水资源管理行为（韩叶，2019）。

跨国公司和本地公司也是流域内经济活动的重要主体，其参与到跨境水资源合作能进一步完善澜湄流域水资源合作的网络。可以通过法律法规明确规定公司在跨境水资源治理中的责任和义务，包括环境保护、水资源利用、社会责任等方面的要求。这可以包括限制排放、鼓励水资源节约利用、推动生态修复等具体要求。此外可以引入激励措施，例如税收优惠、贷款支持、市场准入等，以鼓励公司参与跨境水资源治理。这些激励措施可以提供经济动力，促使公司更积极地投入到水资源治理项目中。

3.3 增强生态保护和可持续发展法治保障

澜湄流域的生态环境监管机制亟须创新与完善。其地理和生态的多样性，对该流域的环境监管提出了复杂而迫切的需求。在制度设计过程中，可以借鉴世界其他河流地区的治理案例，尤其是在应对气候变化和水文循环相互关系方面的经验。通过对这些案例的研究，可以为澜湄流域的生态环境管理提供宝贵的启示和借鉴。

澜湄水资源合作中心在澜湄合作关键性文件以及五年发展规划的框架内，对生态环境保护和生物多样性等议题进行制度设计，通过系统性的生态研究，可以全面了解澜湄流域的生态特征和环境压力，从而制定出更加精准和有效的治理方案。结合流域内各国的环境法律特色与生态实际情况，澜湄水资源合作中心应提供针对性的政策建言。这些建议应充分考虑各国的生态实际、法律框架和治理能力，从而汇总形成一套综合多层级的应对措施。这些措施应包括提高环境监测能力、加强信息共享机制、利用遥感技术和大数据分析等工具来跟踪环境变化、评估政策效果，并及时调整保护措施。通过这种综合治理策略，可以有效应对气候变化带来的挑战，保护流域的生态多样性。建立和完善跨界环境影响评估体系是确保流域内开发活动可持续发展的关键。该评估体系应覆盖所有重大开发项目，并通过科学的评估方法，确保这些项目不会对流域的生态多样性造成不可逆转的损害。在具体技术层面上，应大力推广清洁生产技术和环保技术，以减少工业、农业和生活废水的排放。控制水污染源不仅有助于保护水环境，也能改善流域内居民的生活质量。

环保意识的提升对于环境政策的落地和持续十分关键，流域内各国的社会文化和民俗特色各异，对于保护生态环境的认知也有所区别。为了能够推行澜湄合作的规划，必须采取一种包容性的方法，尊重并融合各国的文化差异，以促进环境保护意识的本土化和深入人心。通过跨文化对话，澜湄各国可以相互学习，了解彼此的文化和环保观念，从而在合作的过程中能够求同存异，推进水资源管理和保护计划的实施，自下而上地确保环境保护的目标得以实现。

3.4 完善区域水资源相关公共产品持续推进的法律机制

在澜湄区域水资源开发过程中，各国通过进一步增加在该区域的公共产品，提升区域内合作关系的密切性，为合作机制的顺利实施打造信任基础，推动命运共同体的建设，促进澜湄合作机制的可持续发展。

在航运安全方面的公共产品对于保障水资源合作机制的顺利推行至关重要，维护航道运行条件和保障航道安全需要上下游国家通力合作。流域内现有的多国联合安全保障机制主要是2011年的中泰老缅四国设立的联合巡逻执法机制，自其成立以来，强有力地震慑了流域内影响航运安全的不法活动。在此基础上澜湄合作框架下成立了澜沧江湄公河综合执法安全合作中心，通过联合巡逻执法活动、联合行动、信息共享与协查等方式开展合作。在信息安全方面，澜湄水资源合作信息共享平台和国家间的技术研讨会已经形成了整体性的沟通机制。在接下来的合作建设过程中，利用大数据、人工智能等科学技术手段进一步完善流域水文水质监测网络，统一监测准则，提升信息共享透明度，并开展全流域生态环境协同评估，以增进区域互信并减少合作障碍，以期沿岸国能够从法律维度强化流域水资源合作的机制构建。

澜湄水资源合作中心作为支撑澜湄水资源合作的综合合作平台，为水电领域的合作提供了技术支持和交流机会。目前已经开展的技术交流活动包括城乡供水规划与管理培训、流域与水资源综合管理培训、澜湄合作水资源高层次人才计划、水资源可持续利用研讨会等活动。流域内国家在水电站建设的过程中互相交流，先开发水电站的国家为后开发国家提供关于开发建设的技术支持和指导，有助于降低后开发国家的建设风险与成本。符合“沿岸国共同体”利益的水资源相关公共产品建设需要沿岸国的密切合作，公平合理地利用流域水资源，重视流域内共同体利益，加强建设水资源法律监督机制。加强流域内水资源公共产品的法律机制建设不仅有助于确保水资源的可持续发展，也有利于我国的涉外法治建设，尤其是对国际水法的理论践行和其在实践中的完善具有示范价值。

4　结语

澜湄合作是当今中国周边外交和“一带一路”倡议等重要政策关注的议题之一，体现了中国在国际法领域的积极参与和对涉外法治的坚定承诺。中国应充分发挥自身作用，深入参与澜湄合作中跨境水资源治理的法律框架构建，同时完善国内相关法律，以确保与国际合作机制的一致性和协同效应。中国应积极参与流域内经济发展的规划与实施，主动应对气候变化引发的挑战，在坚守自身承诺并承担相应责任的基础上，与流域各国共同努力，应对澜湄流域水资源治理的复杂挑战。各国通过遵守并实施国际法合作机制，互信互助、通力合作，为流域内各国人民的基本生存权和发展权谋求保障，同时共同为地区安全和可持续发展作出更为积极的贡献。

参考文献

奥斯本，2020. 东南亚简史 [M]. 武汉：华中科技大学出版社 .
陈咏梅，郭柚坊，2023. 澜沧江－湄公河流域水资源合作法律机制反思与创新 [J]. 广西社会科学

（2）：47.
德勤经济研究所，2021. 东南亚国家若抑制气候变化未来 50 年料创造 12.5 万亿美元经济价值 [EB/OL]. [2023-09-15]. https://www2.deloitte.com/cn/zh/pages/newsroom/articles/pr-leading-on-climate-action-is-a-rmb116-trillion-opportunity-for-china.html.
韩叶，2019. 非政府组织、地方治理与海外投资风险——以湄公河下游水电开发为例 [J]. 外交评论（外交学院学报），36（1）：105.
寇勇栎，2019. 澜沧江－湄公河流域水资源合作的国际法视角 [J]. 河南工程学院学报（社会科学版），34（3）：51.
澜沧江－湄公河合作中国秘书处 . 2017 年澜湄合作大事记 [EB/OL]. (2017-11-24) [2023-10-15]. http://www.lmcchina.org/2017-11/24/content_41448738.htm.
李昕蕾，华冉，2019. 国际流域水安全复合体中的安全秩序建构——基于澜沧江－湄公河流域水冲突——合作事件的分析 [J]. 社会科学（3）：27.
李志斐，2017. 水资源安全与“一带一路”战略实施 [J]. 中国地质大学学报（社会科学版），17（3）.
李志斐，2021. 中美博弈背景下的澜湄水资源安全问题研究 [J]. 世界经济与政治（10）：51+132.
梁岱桐，黄德凯，2021. 澜沧江－湄公河合作框架下跨境水资源合作的作用及意义 [J]. 东南亚纵横（2）：99.
彭峰，2009. 中国环境法公众参与机制研究 [J]. 政治与法律（7）：97.
王明远，郝少英，2018. 中国国际河流法律政策探析 [J]. 中国地质大学学报（社会科学版），18（1）：17.
新华网，2018. 中国－东盟战略伙伴关系 2030 年愿景（全文）[EB/OL]. [2023-09-15] http://www.xinhuanet.com/world/2018-11/15/c_1123718487.htm.
新华网，2023. 澜沧江－湄公河合作五年行动计划（2023—2027）[EB/OL]. (2024-01-10) [2024-06-15]. http://www.xinhuanet.com/world/20231226/361ced287cdc479c82e309ad3f746f65/c.html.
张励，2019. 水资源与澜湄国家命运共同体 [J]. 国际展望，11（4）：69.
中华人民共和国国务院新闻办公室，2021. 中国应对气候变化的政策与行动 [EB/OL]. [2024-02-13]. https://www.gov.cn/zhengce/2021-10/27/content_5646697.htm.
中华人民共和国水利部，2017. 澜沧江－湄公河水资源合作联合工作组第一次会议在北京召开 [EB/OL]. [2023-10-15]. http://gjkj.mwr.gov.cn/jdxw/202209/t20220907_1598914.html.
中华人民共和国水利部，2019a. 澜湄水资源合作部长级会议联合声明 [EB/OL]. [2023-10-20]. http://www.mwr.gov.cn/ztpd/2019ztbd/lmszybzhy/hycg/201912/t201912241375864.html.
中华人民共和国水利部，2019b. 澜湄水资源合作中心与湄委会秘书处合作谅解备忘录 [EB/OL]. [2023-10-22]. http://www.mwr.gov.cn/ztpd/2019ztbd/lmszybzhy/hycg/201912/t201912241375862.html.
中华人民共和国水利部，2020. 澜湄水资源合作信息共享平台网站开通仪式在京举行 [EB/OL]. [2023-10-16]. http://gjkj.mwr.gov.cn/gjhz1/gzdt/202209/t202209031377009.html.
中华人民共和国外交部，2008. 中国参与大湄公河次区域经济合作国家报告 [EB/OL]. [2023-12-19]. https://www.mfa.gov.cn/web/gjhdq_676201/gjhdqzz_681964/lhg_682686/zywj_682698/200803/t20080328_9386906.shtml.
中华人民共和国外交部，2020. 澜湄合作第五次外长会联合新闻公报 [EB/OL]. [2023-10-22]. https://www.mfa.gov.cn/web/ziliao_674904/1179_674909/202002/t20200221_9869195.shtml.
朱杰进，诺馥思，2020. 国际制度设计视角下的澜湄合作 [J]. 外交评论（外交学院学报），37（3）：55.
BARBARA K, CHARLES L, DUNCAN S, 2001. The rational design of international institutions[J]. International Organization, 55(4).
IPCC, 2007. Climate change 2007: synthesis report. contribution of working groups I, II and III to the Fourth assessment report of the intergovernmental panel on climate change. [R]. Geneva: IPCC.

JESSICA M S W, 2020. Is three a crowd? River basin institutions and the governance of the Mekong River[J]. International Journal of Water Resources Development, 37(4) : 721.
SALMAN M A S, 2007. The United Nations watercourses convention ten years later: why has its entry into force proven difficult? [J]. Water International, 32(1) : 9.
United Nations, 2023. United Nations framework convention on climate change. FCCC/INFORMAL/84. [EB/OL]. [2023-10-09]. https://unfccc.int/resource/docs/convkp/conveng.pdf.
United Nations, 2024. list of least developed countries[EB/OL]. [2024-02-15]. https://unctad.org/topic/least-developed-countries/list.
VANNARITH C, 2010. Environmental and economic cooperation in the Mekong region[J]. Asia Europe Journal, 8(3) : 362.

作者简介

周肇敏，北京外国语大学法学院博士研究生。主要研究领域：环境法、国际环境法、东南亚地区研究。电子邮箱：krgyjr@sina.cn。